듣기 능력을 키워주는

째빠-른 탐-정님의 탐-정수업 1

최소영 · 김재리 지음

주인공 소개

이름: 재빠른　　　　**직업:** 탐정

해결하지 못한 사건이 없다는 전설의 명탐정!
세상에서 자기가 제일 빠른 줄 아는 나무늘보.
마음만 먹으면 한 시간에 한 걸음의 속도로 달려갈 수 있으나
좀처럼 뛰지는 않는 느긋한 성격.
바람결에 스치는 방귀 냄새를 맡고
누구인지 알아챌 만큼 뛰어난 후각의 소유자.
사건이 없는 동안에는 나무에 매달려 잠을 자는 듯 보이지만
사실 눈을 감고 세상의 모든 소리를 듣는 중이라고 함.
사건을 해결했을 때의 보수는 업계 최고 수준인 나뭇잎 두 장.
그러나 좀처럼 깎아주는 일은 없다고…….
취미는 조수 훈련 시키기인데,
웬일인지 조수들이 금방 관두는 편.

재빠른 탐정님의 조수가 되어 사건을 해결하면서
탐정님처럼 듣기 능력을 키워보세요.
세계 최고의 탐정이 되는 그날까지, 파이팅!

자, 그럼 시작해볼까요?

평화로운 숲속 마을.
어느 날 오래된 나무에서 손 하나가 천천히 내려오더니
종이 한 장을 붙이고 사라졌지요.

탐정 조수를 구합니다.

나를 도와 사건을 해결할 조수를 구합니다.

조수의 조건은 단 하나!

바로 나 나무늘보처럼 재빠를 것.

먼 훗날 나처럼 멋진 탐정이 되고 싶다면

재빠른 탐정 사무소로 오세요.

- 재빠른 탐정사무소 -
탐정 재빠른

탐정 조수를 모집한다는 소식을 듣고,
동물들이 아침 일찍
재빠른 탐정사무소 앞으로 모여들었어요.

재빠른탐정사무소

너도 탐정 조수
지원하니?

내가 제일 먼저
왔지.

응.
나 재빠르잖아.

오, 지원자들이 왔나보군.
어서 문을 열어줘야지.

그런데 동물들이 아무리 문을 두드려도
탐정님은 나오지 않았어요.
어느덧 오후가 됐는데도 말이죠.

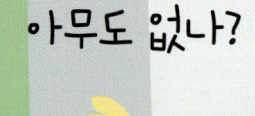

난 그냥 돌아갈래.

탐정님이
왜
안 나오시지?

아무도 없나?

왜 이렇게 문을 두드리는 거지?
잠깐을 못 기다리고 말이야.

저런, 벌써 밖이 어두워지고 있어요.
어쩌죠? 탐정님은 아직 문 앞에 도착하지 못했는걸요.

도저히 안 되겠어.
난 갈래.

탐정님이
어디 가셨나?

재빠른탐정사무소

이렇게 빨리 움직이긴 오랜만이군.
아이고, 어지러워라.

한밤중이 되었어요.
끝까지 기다리던 병아리마저도 집으로 돌아갔어요.
탐정님은 아직이군요.

재빠른 탐정사무소

정말 너무하네.

좋아! 거의 다 왔어!
이제 문만 열면 되겠군.

탐정님은
문을 활짝 열고 말했어요.

"어서들 오게나!

⋮

어?! 아무도 없네!"

"아무도 탐정 조수가 되고 싶지 않은 모양이군!
자네가 나와 함께 해주겠나?"

여러분이 재빠른 탐정님의
조수가 되어보는 게 어떨까요?
재빠른 탐정님과 함께
멋지게 사건을 해결해보는 거예요!

"고맙네! 나와 같이 사건을 해결할 때마다 탐정 배지를 주겠네. 배지를 모두 모은다면 탐정 협회에서 공식 탐정 조수로 인정해줄 거라네."

탐정 배지를 모아라!

부록의 탐정 배지 스티커를 붙여주세요.

부록의 탐정 배지 스티커를 붙여주세요.

부록의 탐정 배지 스티커를 붙여주세요.

부록의 탐정 배지 스티커를 붙여주세요.

배지를 다 모아서 107쪽에 있는 조수 임명장을 받으세요.

차례

사건 하나.
1 다람쥐네 도토리를 찾아주세요. 16

사건 둘.
2 사라져버린 여우의 보석. 36

사건 셋.
3 비밀 편지를 받았어요. 56

사건 넷.
4 특명! 지독한 방귀쟁이를 찾아라! 80

사건 하나.

다람쥐네 도토리를 찾아주세요.

따르릉! 따르릉!!

탐정 사무소에 전화가 왔어요. 앗! 사무소에 아무도 없네요.

 다람쥐 1   메시지를 듣고 전화번호를 기억해주세요. 탐정님이 오시면 알려줍시다.

 고맙네. 덕분에 전화번호를 알아냈어. 어서 전화를 걸어봐야겠군.

전화를 건 동물은 **다람쥐**였어요.

어? 통화 내용을 기록하는데 탐정님이 너무 느려서 메모를 완성하지 못했어요. 도와주세요!

다람쥐 2 다람쥐의 말을 잘 들은 다음, 메모의 빈칸을 채워주세요.

(   ), 큰일 났어요. (   ) 속에서 겨울잠을

자는데, 뭔가 (   )해서 일어나 보니까 없어졌어요!!

뭐가 없어졌냐면 (   )도 아니고 (   )도 아니고

도토리가 없어졌어요. 도토리가 (   )나 없어졌단

말이에요. 빨리 (   ) 나무집으로 와주세요.

(   )요.

재빠른 탐정님이 숲속 나무집으로 다람쥐를 만나러 갔더니
다람쥐가 울고불고 난리가 났어요.

자, 천천히 말해보세요.
무슨 일이 있었는지
알아야 되거든요.

 다람쥐 3 다람쥐의 얘기를 잘 듣고, 어떤 일이 있었는지 알아보세요.

🔍 부록 111쪽의 그림을 오린 다음, 일이 일어난 순서대로 붙여보세요.

1	2
3	4
5	6

자!

이제부터가 중요해요. 여기는 사건 현장입니다. 아무도 들어오지 마세요.

– POLICE LINE – 수사중 🕵 출입금지 – POLICE LINE – 수사중 🕵 출입금지 – POLICE LINE – 수사중 🕵 출입금지 – POLICE LINE – 수사중

다람쥐 얘기를 잘 듣고, 부록의 스티커를 붙여서 사건 현장을 완성해보세요.

다람쥐 4

침대를 잘 완성했다면 이번에는 책상 차례예요. 잘 듣고 사건 현장을 완성해보세요.

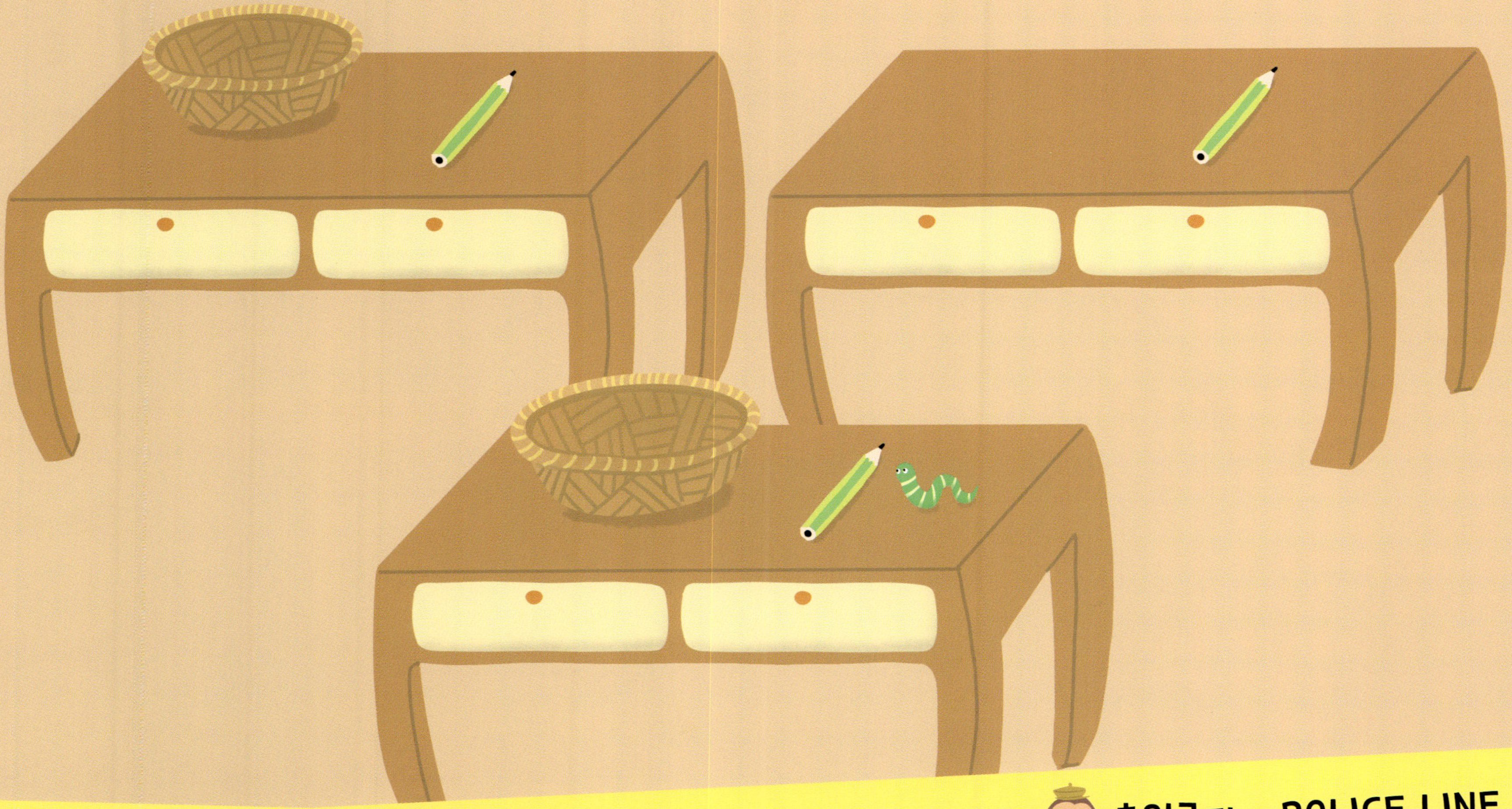

잘했다네. 이제 범인 찾는 건 시간 문제겠어.

어? 침대 위에 있는 도토리 모양이 이상해요.
돋보기로 살펴봐야 할 것 같아요.

앗! 이건!! 암호 같아요!

 탐정님이 돋보기로 살펴보고 암호들을 불러주신대요.
잘 듣고 기억해서 적어보세요.

| 인 | | | | 웃 | | 이 |

도대체 이게 무슨 암호죠?

잠깐만요. 뭔가가 더 보여요.

 다람쥐 7 탐정님이 한 번 더 불러줄 테니, 잘 듣고 기억해서 적어보세요.

◯ ◯ 7 ◯ 5 ◯ 4

 "같은 자리에 있는 글자와 숫자는 서로 짝이 된다네.
예를 들면, 숫자 '4'는 글자 '이'와 짝이지.
숫자를 1부터 7까지 차례대로 해보면
글자의 순서가 바뀌면서 암호가 완성될 걸세."

어떤 암호가 완성됐나요?

| 1 | 2 | 3 |

| 4 | 5 | 6 | 7 |

암호를 풀었다면 크게 외쳐보게!

자, 이제 다람쥐의 이웃 곤충들을 만나서 수상한 점이 있나 살펴봐야겠어요. 그런데 재빠른 탐정님이 너무 느려서 곤충들을 다 만나려면 오래 걸리겠어요. 탐정님을 대신해서 곤충들을 만나주세요. 범인은 이상한 말을 가장 많이 한 곤충일 거예요.

다람쥐 8 이웃들의 이야기를 듣고, 이상한 부분이 몇 군데 있는지 써보세요.

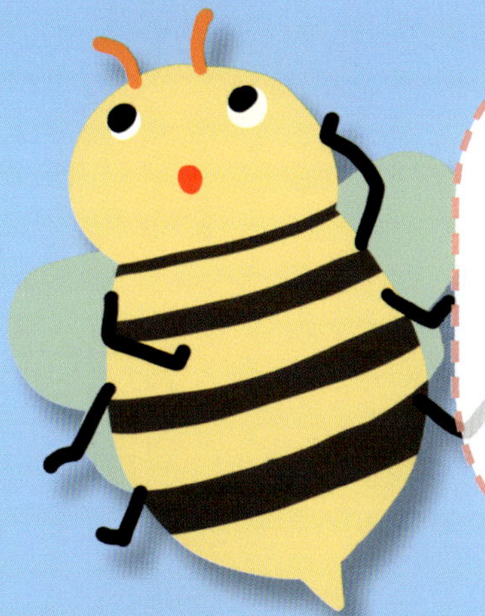

벌

파리

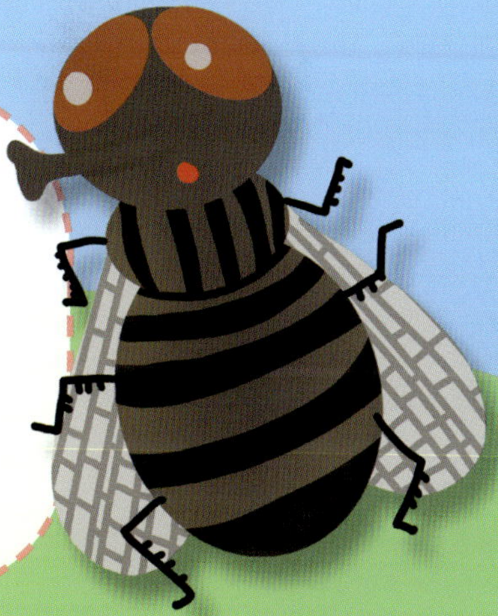

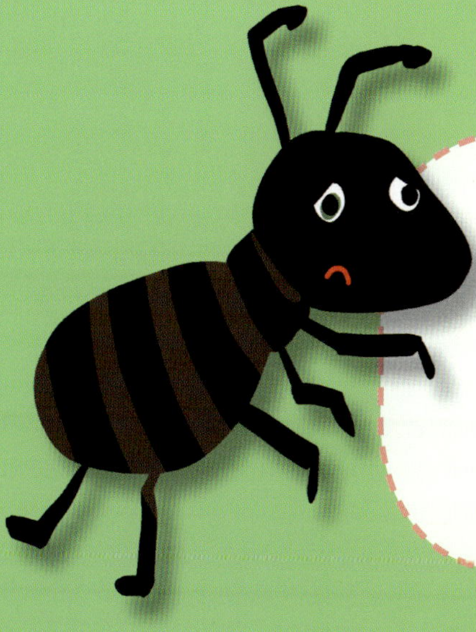

개미

이상한 말을 가장 많이 한 곤충은 누구였지?

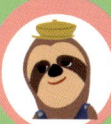

취조실

탐정님은 베짱이가 보냈다는 선물을 건네 받았어요.
"큼큼, 냄새를 맡아 보니 뭐가 들었는지 알겠군.
지금 바로 베짱이한테 가봐야겠어."

베짱이 씨,
개미 씨네 집에서
이게 발견됐어요.
뭔지 아시겠나요?

이상하네요. 베짱이는 선물을 처음 본다고 하는군요?
탐정님이 선물이 무엇인지 수수께끼를 내신대요.
잘 듣고 맞혀서 베짱이에게 말해주세요.

다람쥐 10 탐정님이 내는 수수께끼를 잘 듣고 맞혀보세요.

그게 뭐죠?
전 처음 보는 건데요?

선물 안에 들어있는 것은?

선물 안에 든 건 도토리예요!
이상하군요. 개미 씨는 베짱이 씨가
이 선물을 보냈다고 했는데요.
베짱이 씨가 이걸 처음 봤다고 하니,
개미 씨가 거짓말을 한 것이군요?!
그렇지 않은가요? 베짱이 씨?

어, 어떻게 하면 좋지?

베짱이는 엉엉 울음을 터뜨렸어요. 그리고 이야기를 시작했어요.

다람쥐 11 베짱이의 얘기를 듣고, 어떻게 된 일인지 짧게 요약해서 말해보세요.

탐정님은 우는 베짱이를 달래주었어요.
"다람쥐랑 개미한테 너무 미안해요."
"그렇다면 베짱이 씨, 이렇게 해보는 게 어떨까요?"

다람쥐 12 탐정님과 베짱이의 대화를 듣고
베짱이가 앞으로 어떻게 할지 상상해서 그려보세요.

사건 일지를 완성해주세요. 범인은 누구였나요?

사 건 일 지

사건번호 : 20XX-001

사건명 : 다람쥐 도토리 도난 사건

범인은 **바**로 **너**!! (　　　　)!!

(　　　　)는 자신을 도와준 개미에게

고마운 마음으로 선물을 보냈어요.

선물 속에는 바로 (　　　　)가 들어있었죠.

(　　　　)는 다람쥐에게 사과와 함께

멋진 (　　　　)를 들려주었어요.

작성자 : 탐정 조수 _____

잘했어요! 첫 번째 사건을 멋지게 해결했네요!!

정말 수고했네. 물론 내 활약이 더 뛰어났지만.
특히 베짱이 씨가 범인인 줄 알면서 살짝 떠본 것이
사건 해결의 열쇠였지. 베짱이 씨가 자백했으니 말이야. 훗.
이제 자네 _____ 을(를)
공식 탐정 조수 후보로 임명하겠네.
자, 탐정 배지를 하나 받게나.

부록에 있는 탐정 배지 스티커를 14쪽에 붙여보세요.
다음 사건들을 잘 해결해서 탐정 배지를 모두 모으면
탐정 협회의 공식 탐정 조수가 될 수 있답니다.

사건 둘.
사라져버린 여우의 보석.

오늘 사건 의뢰는 이메일로 왔어요.
이메일을 보려면 비밀번호를 입력해야 해요.
탐정님, **비밀번호** 좀 알려주세요.

 탐정님이 불러주는 비밀번호를 잘 듣고 적어보세요.

ID 초스피드번개 님

PW

그런데 탐정님이 오랫동안 로그인하지 않아서 본인이 맞는지 추가로 확인을 해야 한대요.

컴퓨터에서 들리는 **글자 암호**를 입력해야 해요.

보석 2 글자 암호는 거꾸로 불러주니까, 잘 듣고 순서를 거꾸로 적어주세요.

⚠️ **본인을 확인해주세요.**

암호

사건을 의뢰한 동물이 집으로 찾아와 달라며 약도를 보내왔어요.
그런데 컴퓨터 오류 때문에 그림 속 집이 잘 안 보여요.

보석 3 설명을 잘 듣고 사건을 의뢰한 동물의 집을 찾아 표시해주세요.

오, 이런! 그 동물은 아파트에 살고 있군요.
이 많은 방 중에서 어디에 살고 있는지 모르겠어요.

보석 4 설명을 잘 듣고 사건을 의뢰한 동물의 방을 찾아 표시해주세요.

드디어 사건을 의뢰한 동물을 만났군요. 바로 **여우**였어요!
그런데 여우가 화가 많이 났네요.
이대로는 여우의 얘기를 들을 수 없겠어요.

1 여우

여우에게 마실 것을 좀 주면 어떨까요?

여우가 좋아하는 **셰이크**가 좋겠네요.

여우가 마실 셰이크를 만들어 주세요.

아, 탐정님 것도 잊지 마세요.

 여우와 탐정님이 좋아하는 재료를 잘 듣고, 맛있는 셰이크를 만들어주세요.

2 탐정님

셰이크를 만들었다면 예쁘게 꾸며줘야겠죠?

여우가 좋아하는 모양으로 꾸며주세요.

 보석 6 잘 듣고 색연필과 부록의 스티커를 이용해 셰이크를 꾸며주세요.

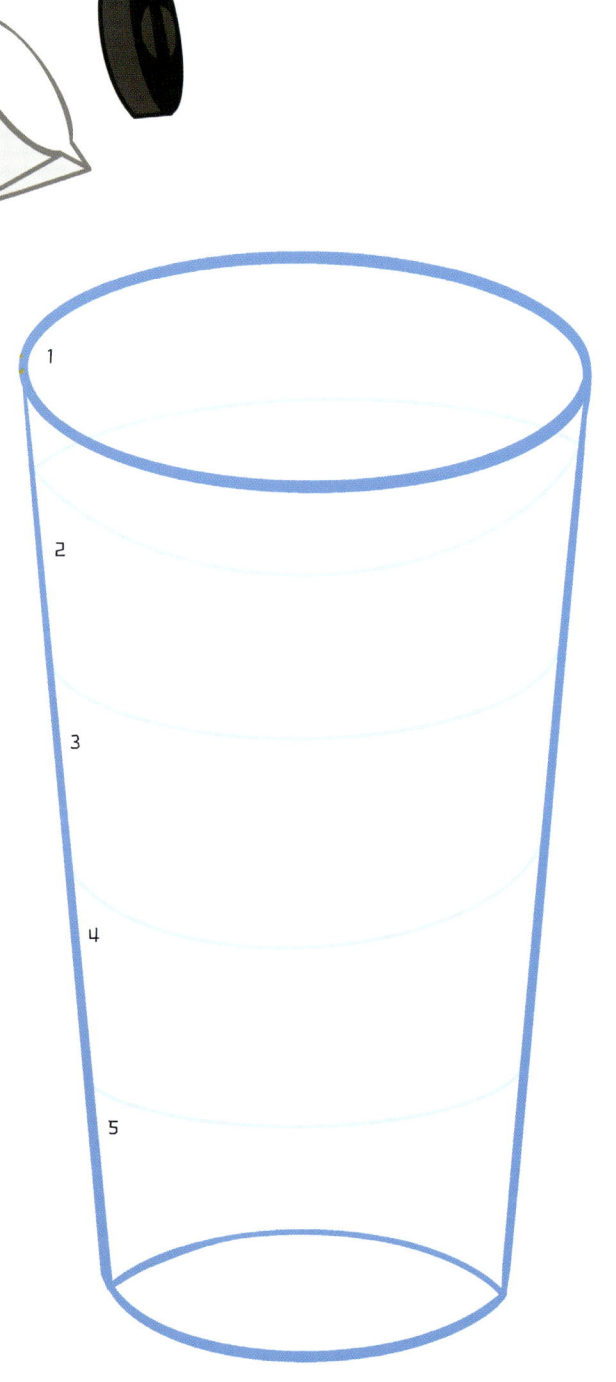

먹음직스럽네요!

이번에는 **탐정님**이 원하는 모양으로 셰이크를 꾸며주세요.

보석 7 잘 듣고 색연필과 부록의 스티커를 이용해 셰이크를 꾸며주세요.

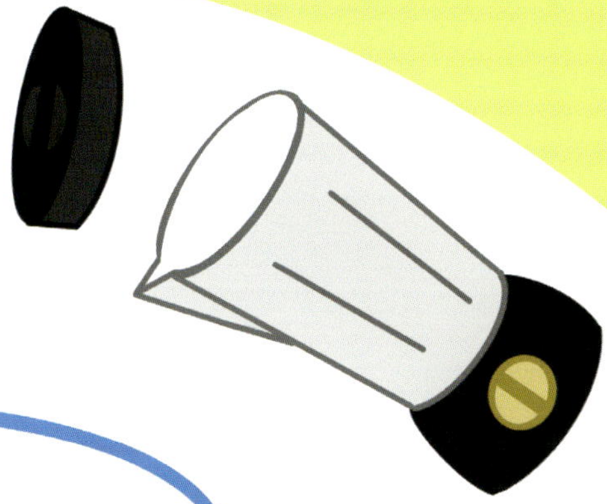

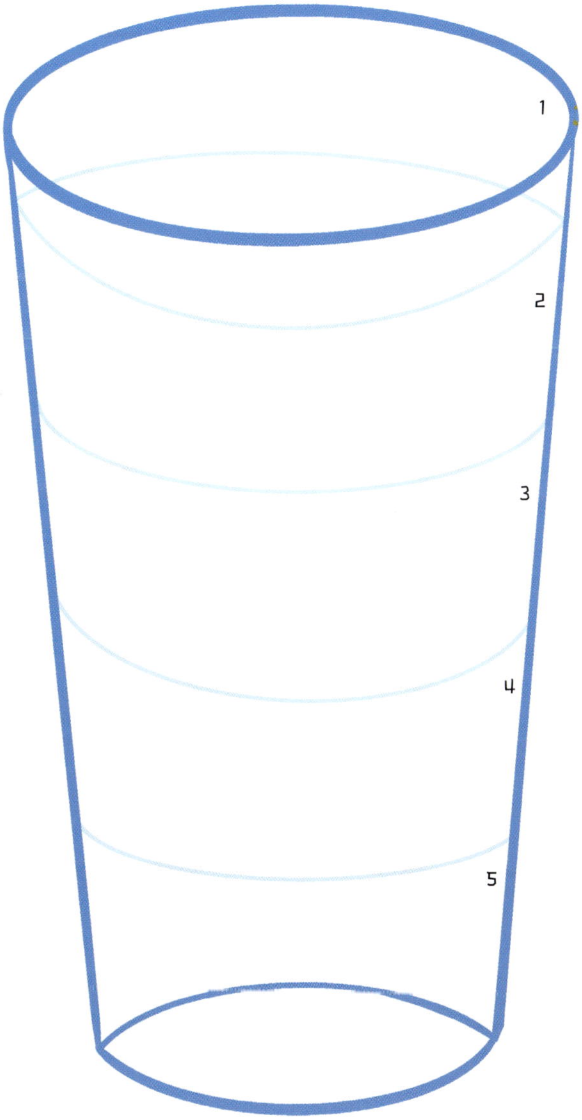

셰이크를 먹었더니 이제 여우의 기분이 좀 풀렸군요.
여우의 얘기를 들어봅시다.

 보석 8 여우의 얘기를 잘 듣고, 어떤 일이 있었는지 알아보세요.

부록 113쪽의 그림을 오린 다음, 일이 일어난 순서대로 붙여보세요.

1	2
3	4
5	6

이야기를 들어보니, 여우가 보물을 가지고 있다는 걸 아는 건 오리랑 토끼뿐이에요. 이 둘을 만나봐야겠어요.

그런데 오리랑 토끼가 여럿이네요. 이중 누가 용의자인지 찾아봅시다.

 보석 양 잘 들은 다음, 그림을 보면서 여우가 만난 오리와 토끼가 누구인지 찾아보세요.

1

2

3

4

취조실

오리가 보석을 가져간 건 아니었어요.
그런데 오리가 **뭔가** 알 것 같다고 하는군요.
오리의 이야기를 더 들어봅시다.

보석 11 오리가 들려주는 수수께끼를 잘 듣고 정답을 맞혀보세요. 오리의 힌트를 다 듣고 단서 카드 4개(부록 115쪽)를 아래 칸에 올려보세요. 정답을 말한 다음, 카드를 모두 뒤집어서 답이 맞는지 확인해보세요.

1	2
3	4

여우의 보석은 (   )(이)었어요.

오리가 (   )을 (   )서 (   )이 나버린 거예요.

사건 일지를 완성해주세요. 범인은 누구였나요?

사 건 일 지

사건번호 : 20XX-002

사건명 : 사라진 여우의 보석 사건

여우의 보석을 사라지게 만든
범인은 바로 너!! ()!!

어떻게 사라지게 했나요? _____

_____

무슨 벌을 줘야할까요? _____

_____

작성자 : 탐정 조수 _____

잘했어요! 두 번째 사건도 멋지게 해결했네요!!

이번에도 역시 잘 해냈군! 정말 큰 도움이 됐어.
그중에서도 자네가 만든 셰이크가
가장 큰 도움이 됐달까.
왜냐면 아주 맛있었기 때문이지. 츄릅.

자네, 제법 멋진 탐정 조수가 될 것 같군.
또 하나의 탐정 배지를 주겠네!

부록에 있는 탐정 배지 스티커를 14쪽에 붙여보세요.

사건 셋.
비밀 편지를 받았어요.

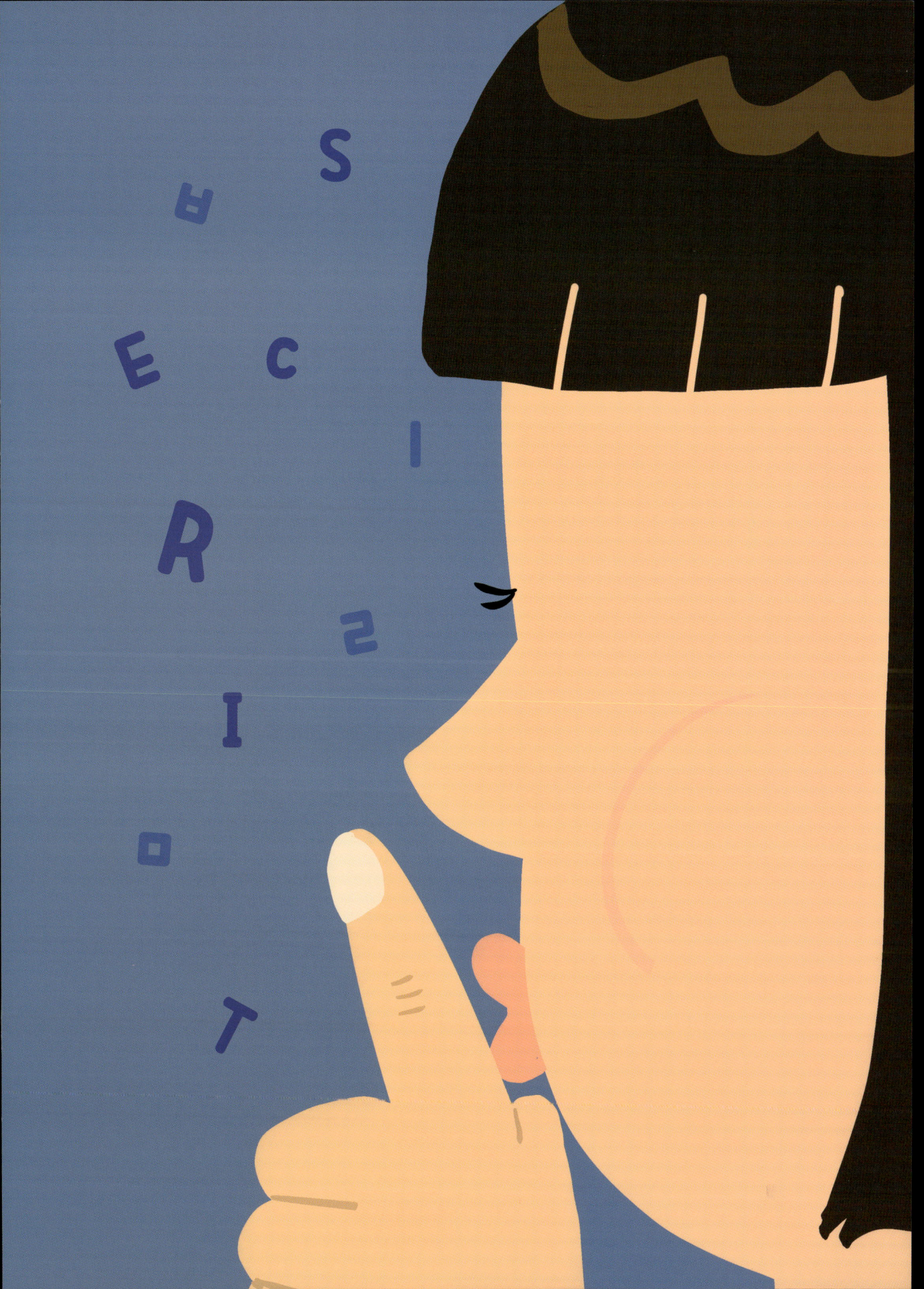

처음으로 **버스**를 타고 학교에 가는 날이에요.
정류장에 몇 번 버스가 오는지 확인해봐야 해요.

편지 1 버스 번호를 잘 듣고 기억해서 아래 칸에 적어보세요.

그림에 있는 4대의 버스가 우리 학교에 선대요.
그런데 어떤 버스가 제일 빨리 올지 모르겠어요. 늦으면 안 되는데!

 안내 방송을 잘 듣고, 내가 탈 버스들이 도착하는 순서를 알아내보세요.
그리고 제일 먼저 도착하는 버스가 무엇인지 맞혀보세요.

3	5분 전(여유)	48	3분 전(보통)
67	7분 전(혼잡)	752	8분 전(여유)

곧 도착 : ? ?

무사히 학교에 도착했어요. 여기가 우리 학교 건물이에요.
우리 반 **2학년 2반** 교실이 어디인지 찾아보세요.

예꿈

편지 3 잘 듣고 부록에 있는 스티커를 붙여서 우리 학교 그림을 완성해주세요.

교실에 도착했어요. 오늘은 내가 1등으로 왔어요.
어? 내 서랍 안에 **편지**가 들어있어요! 무슨 내용일까요?

안녕?

있잖아…

편지 4 단어를 잘 듣고 기억해서 큰 것부터 순서대로 써보세요.
그런 다음 부록 117쪽의 단어 카드를 같은 이름 위에 내려놓아 보세요.

1			
2			
3			

순서대로 카드를 놓았나요?

그럼 이제 카드를 뒤집어보세요! 하나, 둘, 셋!

편지는 어떤 내용이었나요?

탐정님께 전화 연결이 되도록 숫자 **1**부터 **17**까지 선을 연결해주세요.
전파가 통하지 않는 숫자는 피해야 하니까 들려주는 숫자는 빼고 연결해보세요.

오, 이런! 이제 사람들한테까지 내 이름이 유명해진 건가? 훗!

오늘은 하나 양이 제일 먼저 도착했으니까
누군가 **어제** 편지를 두고 갔겠군요.
범인은 친구들의 눈을 피해
가장 늦게 집에 갔을 거예요.
친구들을 탐문 수사해 봐야겠어요.

탐정님의 수사 결과를 잘 듣고, 어제 친구들이 집에 간 순서대로 숫자를 써보세요.

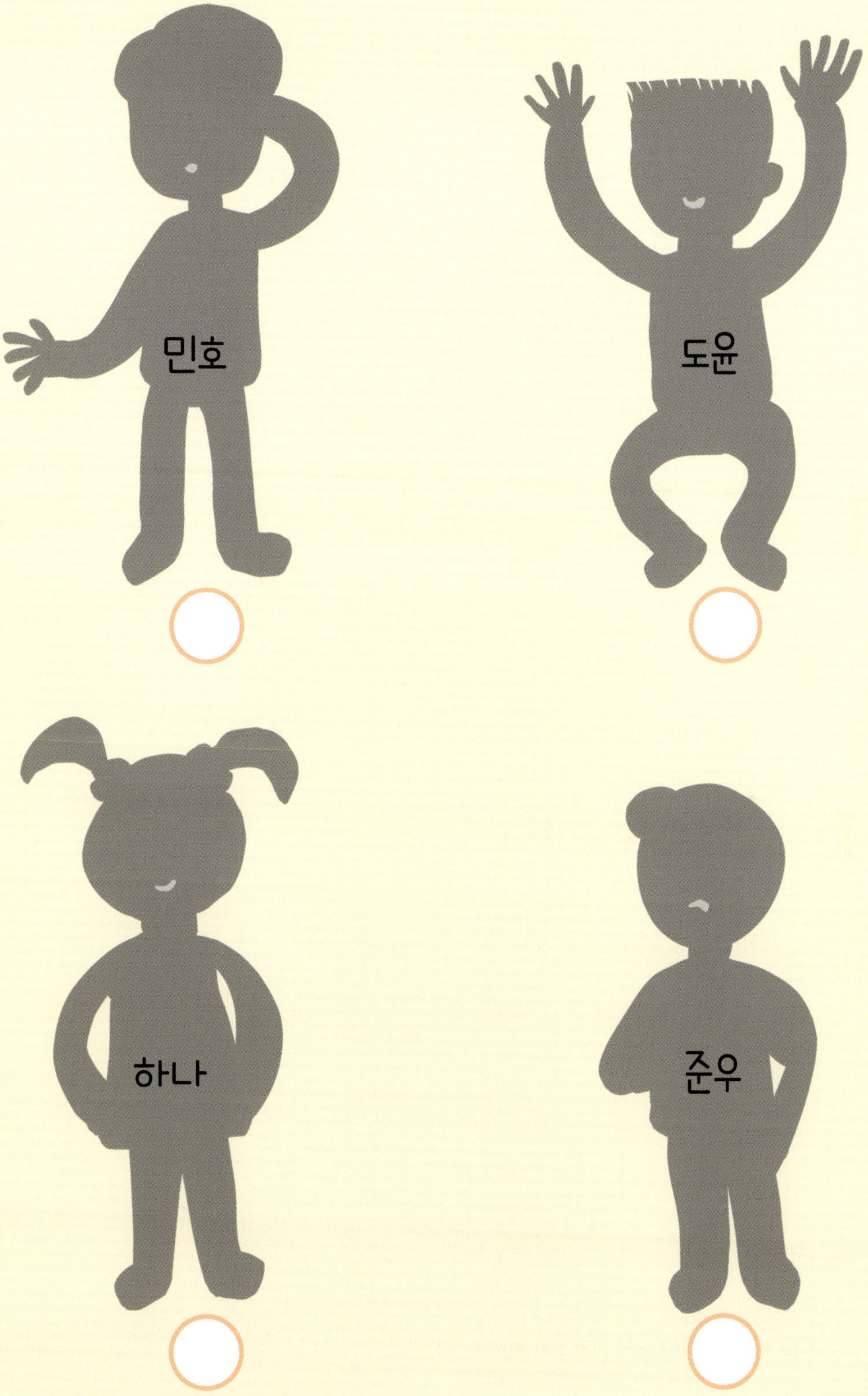

민호

도윤

하나

준우

어제 가장 늦게 집에 간 친구는 누구?

편지를 쓴 건 **준우**였어요! 아, 그러고 보니 떠오르는 일들이 있어요.

 하나의 얘기를 잘 듣고, 준우랑 어떤 일이 있었는지 알아보세요.

부록 119쪽의 그림을 오린 다음, 일이 일어난 순서대로 붙여보세요.

1	2
3	4
5	6

준우한테 답장을 써야겠어요. "준우야, 보물찾기 때는 고마웠어. ……"
그런데 준우한테 편지를 직접 주기엔 부끄러워요. 탐정님, 도와주세요!

① ②

편지 8 　하나를 대신해서 준우한테 답장을 전달해야 해요.
잘 듣고 준우가 누구인지 찾아보세요.

③

④

잠!깐!만!!! 멈추세요!

이 편지는 나한테 온 게 아니었어요. 봉투 앞면을 이제야 봤어요!

ㄱㅅㅈ이 누굴까요? 우리 반에는 ㄱㅅㅈ이 들어가는 이름이 많은 걸요.

탐정님이 준우의 일기 숙제에서 **단서**를 발견했어요.
준우가 좋아하는 친구 이름 글자에 하트 스티커를 붙여 놓았대요.
그런데 하트 스티커 때문에 글씨가 잘 안 보여요.

 탐정님이 준우 일기를 읽어주는데, 스티커 때문에 잘못 읽은 단어가 있어요.
탐정님이 잘못 읽은 단어를 찾아서 고치고 아래 동그라미 안에 순서대로 써보세요.

월 일 요일 날씨:	
○ 어제 잠든 시각	○ 오늘 일어난 시각

오늘의 중요한 일	오늘의 잘한 일
오늘의 반성할 일	내일 해야할 일

잘못 읽은 단어는? ○○, ○, ○○

준우가 좋아하는 친구 이름은? ○○○

준우가 편지를 주려던 친구는 수진이였어요.
난 수진이 서랍에 살짝 편지를 놓아두었어요.
쉿! 이 사실은 아무에게도 말하지 말아야겠어요.

오늘도 사건을
멋지게 해결했군.
꼬르륵.
아니, 이게
내 배에서 나는 소린가?
마침 점심시간이니
우리도 급식실에 가서
점심을 먹고 가세.

어쩌죠? 탐정님은 너무 느려서 급식을 받다가 점심시간이 다 끝나고 말 거예요. 탐정님 대신 식판에 음식을 좀 받아주세요.

 편지 10 오늘의 식단을 잘 듣고 탐정님 식판에 그림으로 그려주세요.
단, 탐정님은 고기 반찬을 먹지 않으니 고기반찬은 빼주세요.

덕분에 잘 먹었네. **꺼억!** 아니, 이게 내 입에서 나는 소린가?

편지가 잘못 들어가 있던 이유는?

 **편지 11** 탐정님의 힌트를 잘 듣고 기억해서 아래 있는 암호 판을 완성해보세요.

다. 오징어 외계인

라. 까치까치 설날은

마. 잠자는 숲 속의 공주

재빠른 탐정님의 탐정수업

오 ◯ ◯ ◯ ◯ ◯ ◯ ◯ ◯

사건 일지를 완성해주세요. 편지를 준 친구는 누구였나요?

사 건 일 지

사건번호 : 20XX-003

사건명 : 비밀 고백 편지 사건

하나에게 편지를 준 사람은 _____였고,

그 편지는 사실 _____에게 주는 것이었죠.

오늘은 _____날이었는데,

____가 그걸 미처 생각하지 못하고

____의 예전 자리에 편지를 넣은 거였어요.

작성자 : 탐정 조수 _____

잘했어요! 세 번째 사건도 멋지게 해결했네요!!

나도 옛 생각이 아련하게 떠오르는군.
내 첫사랑 림보 양이 생각나. 그녀의 성은 느. 느림보 양이었지.
그녀와 난 속도가 맞지 않았다고나 할까. 흠흠.

그건 그렇고 이제 어려운 문제들도 제법 잘 해결해 주고 있군.
자, 탐정 배지를 하나 더 받게나.
앞으로도 잘 부탁하겠네.

재빠른 탐정사무소

부록에 있는 탐정 배지 스티커를 14쪽에 붙여보세요.

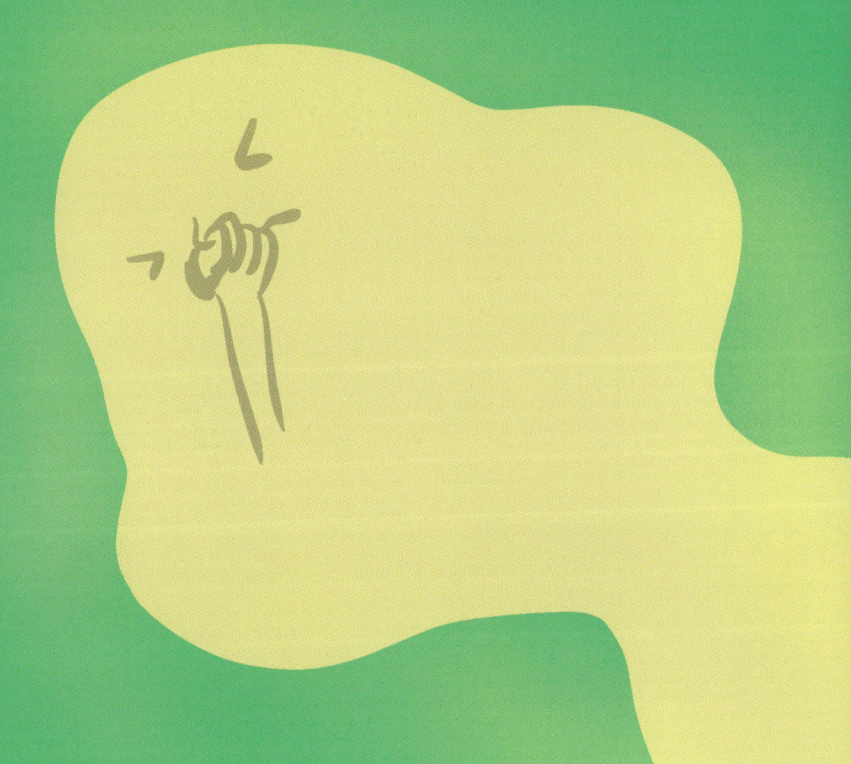

사건 넷.
특명!
지독한 방귀쟁이를 찾아라!

1교시 창체 시간.

선생님께서 **집중력 게임**을 시작하셨어요.
한 손에 연필, 한 손에 지우개를 들고, 선생님 말씀대로 따라 하면 돼요.

방구 1 지시를 잘 듣고 그대로 해보세요. 세 번 성공하면 다음 페이지로 넘어가세요.

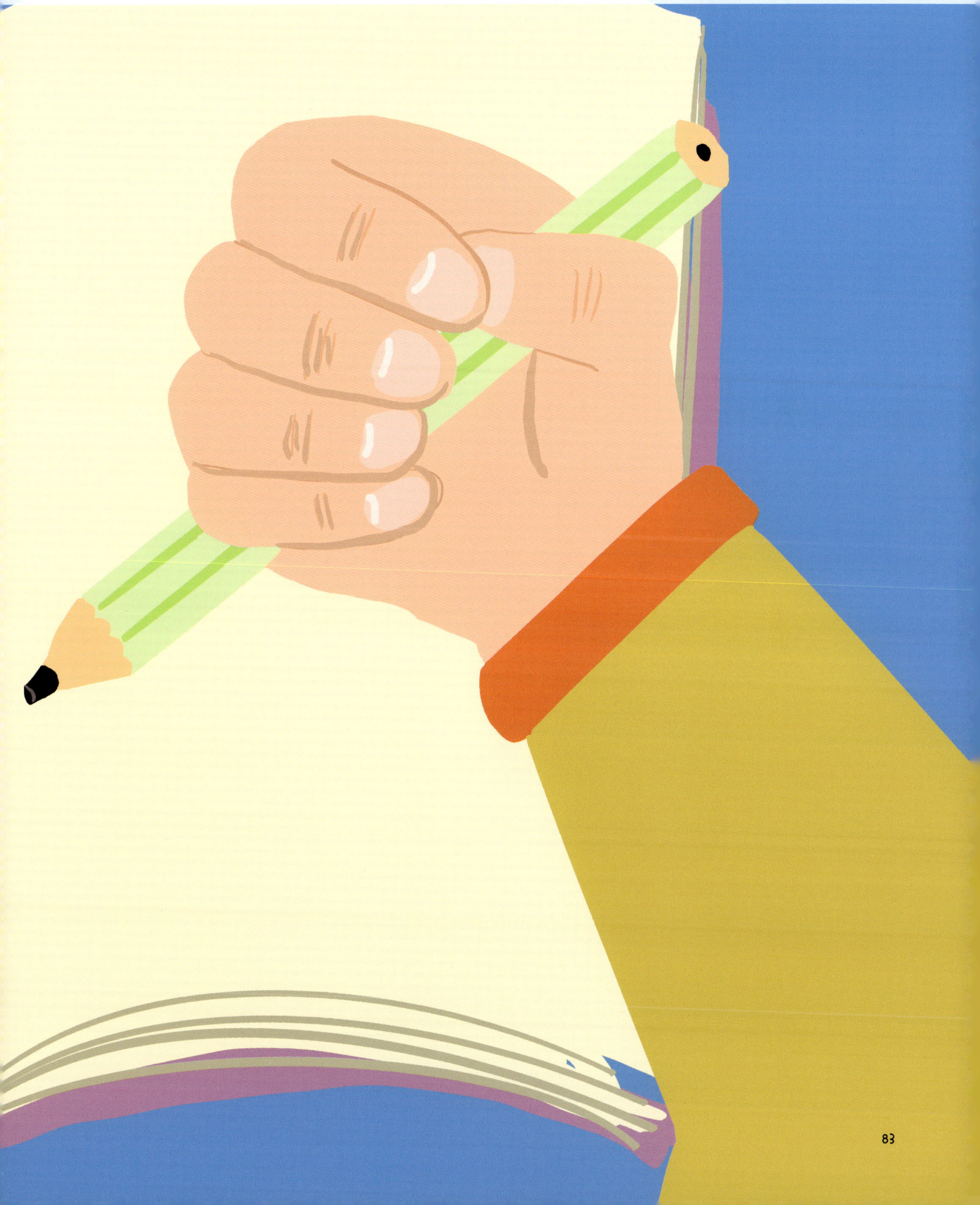

으헉! 이게 무슨 냄새지?

지독한 방귀 냄새에 모두 게임을 멈췄어요.

"누구야?"

"선생님! 누가 방귀 뀌었어요!"

"자, 조용. 속이 안 좋은 친구가 있나 봐요. 계속 게임을 합시다."

그렇게 냄새 속에서 게임이 끝나고, 쉬는 시간이 되었어요.
아이들이 화장실에 가려고 줄을 섰어요.

2교시 국어 시간.

우리는 ㄱㄴㄷ 순서를 외워서 사전에서 단어 찾는 연습을 했어요.

방귀 3 잘 듣고 사전에 나오는 순서대로(ㄱ ㄴ ㄷ 순서대로) 단어를 나열해보세요.

1

2

3

4

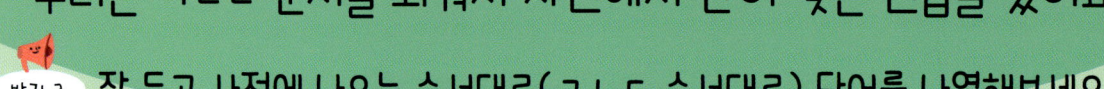

또다시 고약한 방귀 냄새가 났어요! 교실 가득 냄새가 퍼져 나갔어요.

"누구야? 아까부터?"
"선생님, 누가 또 방귀 뀌었어요!!
"선생님, 누가 똥 쌌나 봐요."

친구들은 코를 막고 주변을 둘러보았지만, 누가 범인인지 알 수 없었어요.
2교시 국어 시간도 냄새 속에서 겨우 마칠 수 있었어요.

3교시 미술 시간.
친구들은 각자 마음에 드는 주제에 대해 그림을 그렸어요.

우리집 대청소

수족관

친구들이 무엇을 그렸는지 말해볼 거예요.
그런데 그림 주제와 맞지 않는 것들이 있네요.
 잘 듣고 친구들이 정한 그림 주제에 맞지 않는 것을 찾아 써보세요.

체육시간

떡볶이 만들기

앗! 또 냄새가 나기 시작했어요.

"차라리 소리가 났으면 좋겠어.
소리 나는 방귀는 냄새가 안 난대."
"누구야, 진짜?"

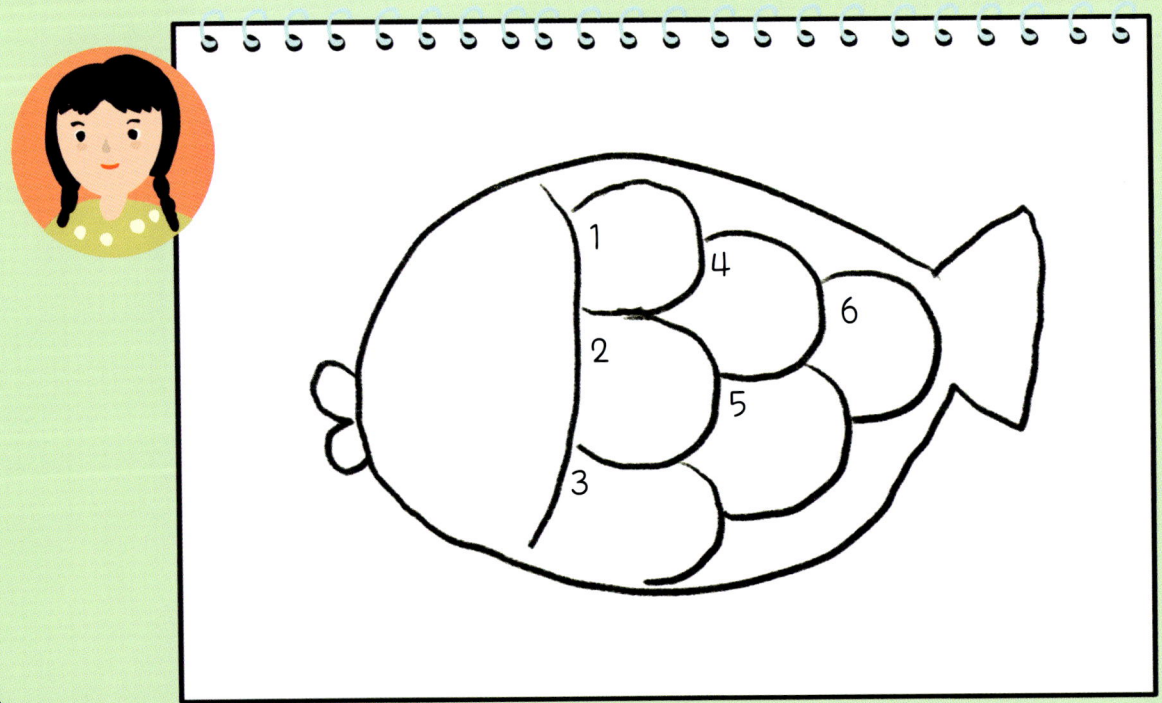

어떡하죠? 친구들이 방귀 냄새 때문에 어지러워서인지
그림을 제대로 그리지 못했어요.

방귀 5 친구들의 이야기를 잘 듣고 그림을 완성해주세요.

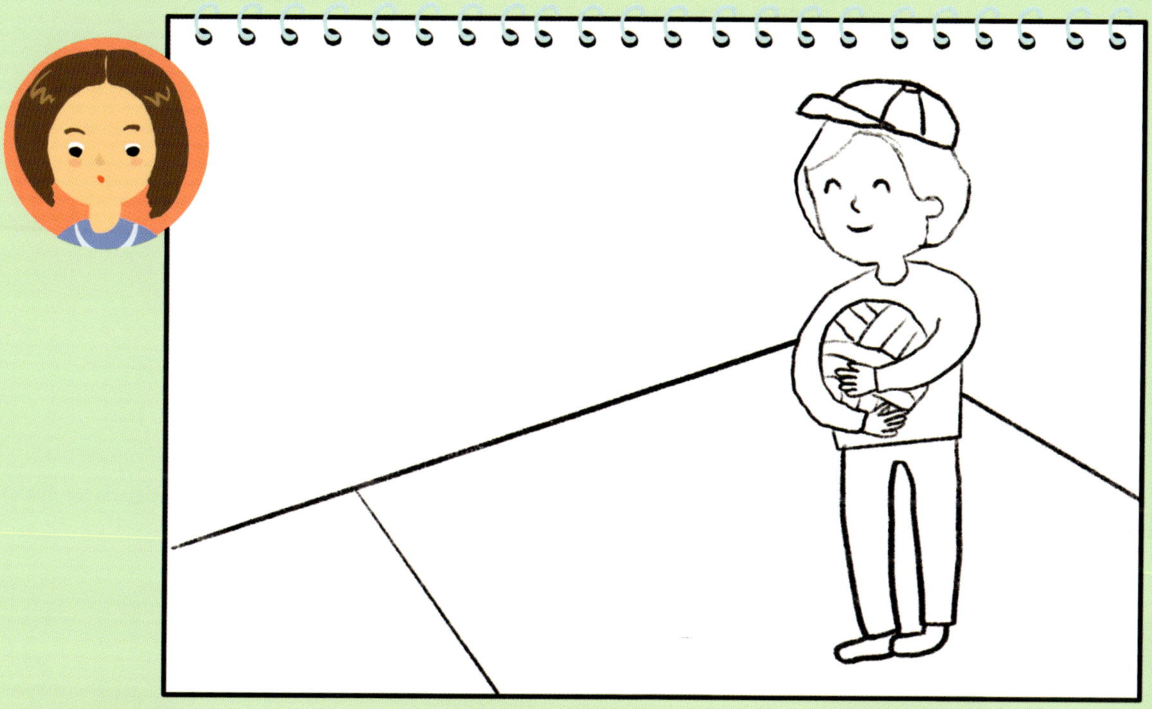

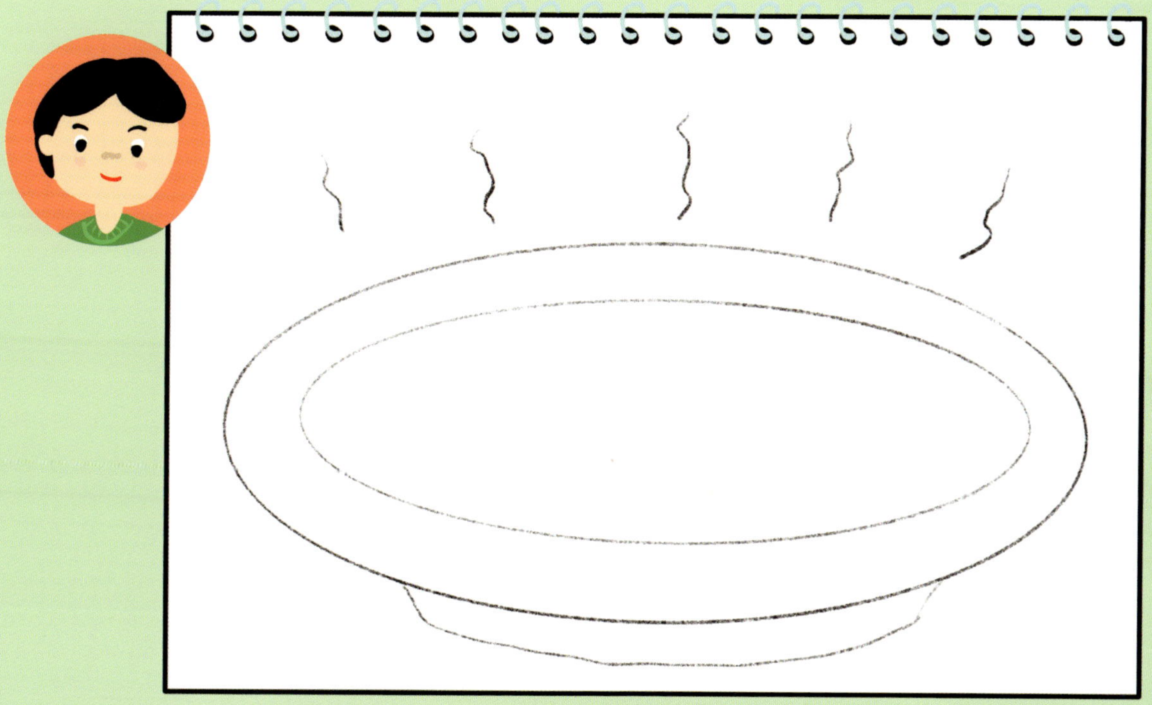

으악! 또 냄새가 나요. 도저히 안 되겠어요.
탐정님께 방귀 뀌는 친구를 찾아 달라고 부탁해야겠어요.
탐정님이 우리 교실을 빨리 찾으실 수 있게 힌트를 드립시다.

'교실에 가면' 게임을 하면서 교실에 있는 것들을
잘 듣고 재빠른 탐정님께 알려주세요.
유튜브 음성 듣기는 없습니다. 부모님(선생님)과 함께 해보세요.

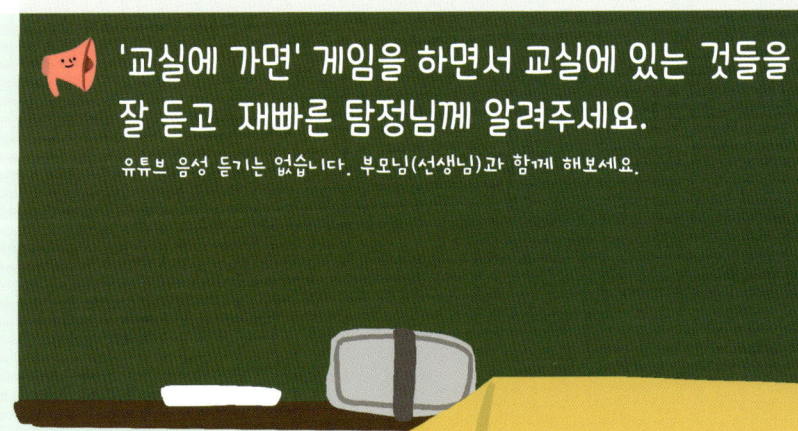

부모님(선생님)과 세 번씩 번갈아가며 게임을 하고 6개의 물건을 말해보세요.
교실에 어떤 물건들이 있나요?

◯ ◯ ◯ ◯ ◯ ◯

 고맙네. 덕분에 어떤 교실로 가야 할 지 알겠군.

잘했어요.
재빠른 탐정님이 우리 교실을 잘 찾아오셨어요.
탐정님, 이 지독한 방귀 냄새의 주인공을 찾아주세요.

냄새는 나는데 소리는 안 난다? 걱정하지 말게.
우리 나무늘보들은 후각이 대단히 잘 발달해있지.
어디 한 번 냄새를 맡아볼까? 흐읍. 흠. 켁.. 켁켁.
1모둠, 2모둠 쪽이군. 그쪽으로 가보세.

1 모둠

선호

하나

서하

동구

민우

하람

방귀를 뀐 사람과 가장 가까운 사람이 먼저 냄새를 맡게 돼 있지. 근처에 있는 사람들이 먼저 냄새를 맡고, 그 주변 사람들이 다음으로 냄새를 맡게 돼. 자, 그럼 친구들을 한 번 탐문해보지.

 탐정님의 탐문 수사 결과를 듣고 냄새가 퍼진 방향을 화살표로 표시해보세요.

2 모둠

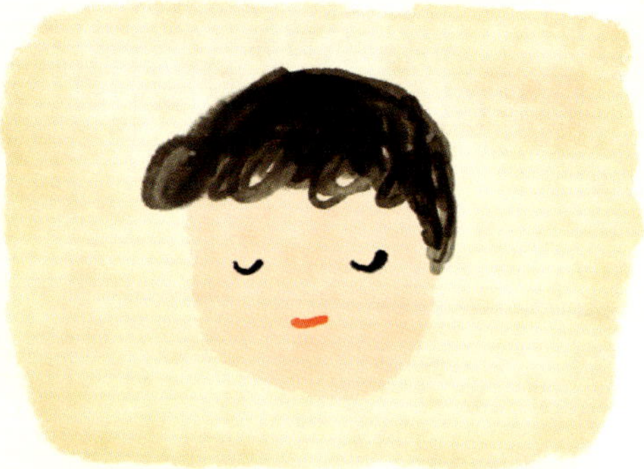

지한 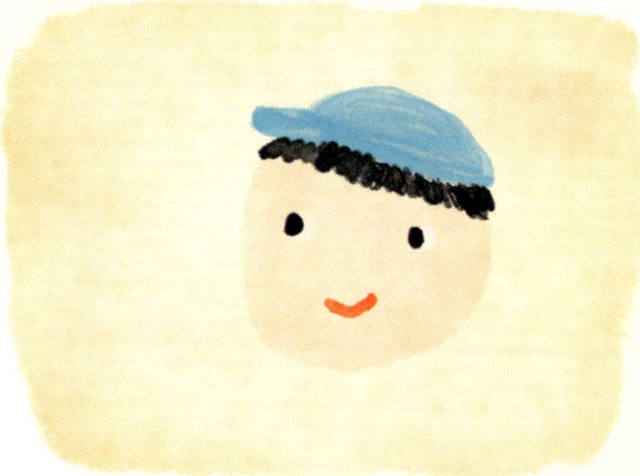   다빈

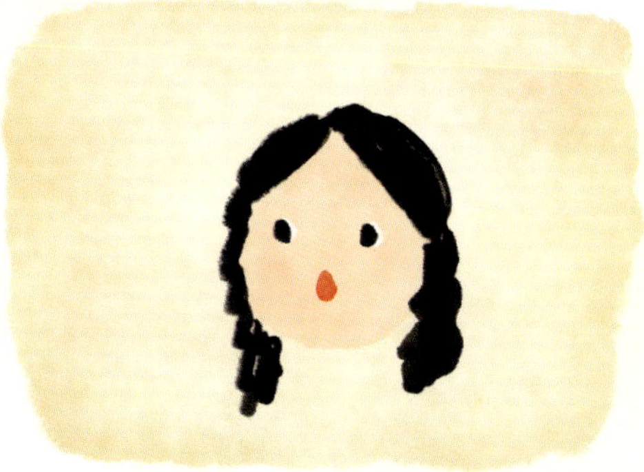

보라 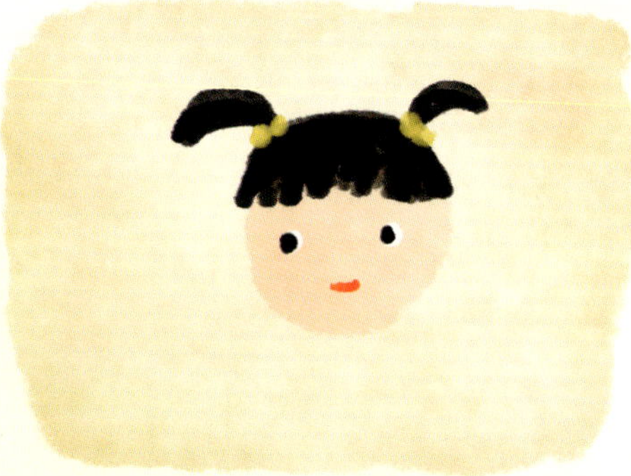   한별

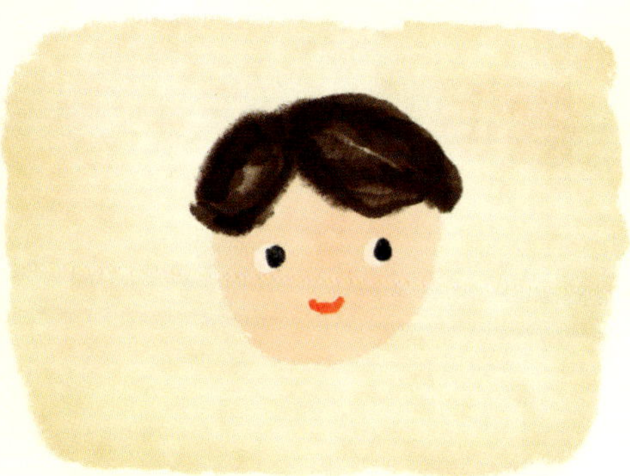

온유 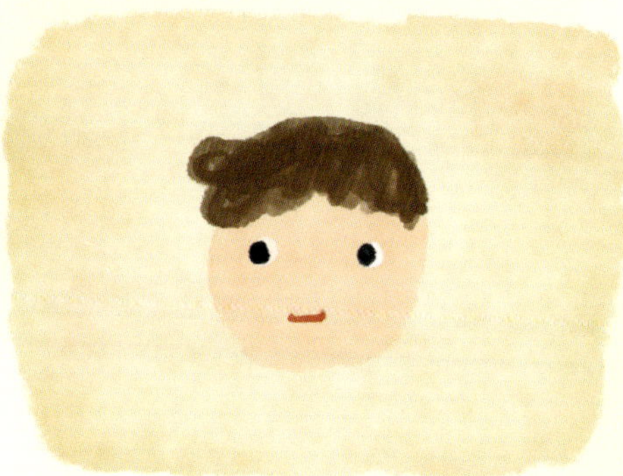   수호

화살표가 시작되는 점이 냄새가 퍼지기 시작한 곳일세.
냄새가 시작된 곳은 바로 **하람이, 동구, 온유**의 자리!
세 사람은 어제부터 먹은 음식을 모두 말해주게나.
난 방귀 냄새를 분석해보지.

 탐정님의 냄새 분석 결과를 듣고, 친구들이 먹은 음식과 일치하면 동그라미 해보세요.

하람

- 꽁치김치찌개
- 바나나
- 떡볶이
- 오징어 튀김
- 삶은 고구마
- 야채김밥
- 오리고기

 가장 많은 동그라미를 받은 친구가 바로 지독한 방귀를 뀐 범인이지.

지독한 방귀의 **주인공**을 알아냈나요?
바로 동구였어요.

미안해, 얘들아.
사실 나 며칠 전부터
화장실에 못 갔어.
방귀가 나올 때마다
엉덩이에 힘을 꽉 줬는데도
자꾸만 새어나왔어.
정말 미안.

자, 모두 이 뉴스 영상을 보도록.
화장실을 못 가는 동구를 어떻게 도울지
다 같이 고민해 보도록 하자고.

 방귀 8 뉴스 내용을 주의 깊게 잘 들어보세요.

소아변비

다들 잘 들었겠지? 그럼 내가 내는 질문에 답을 해보도록.

방귀 D 뉴스 내용을 떠올리며 탐정님의 질문에 답해보세요.

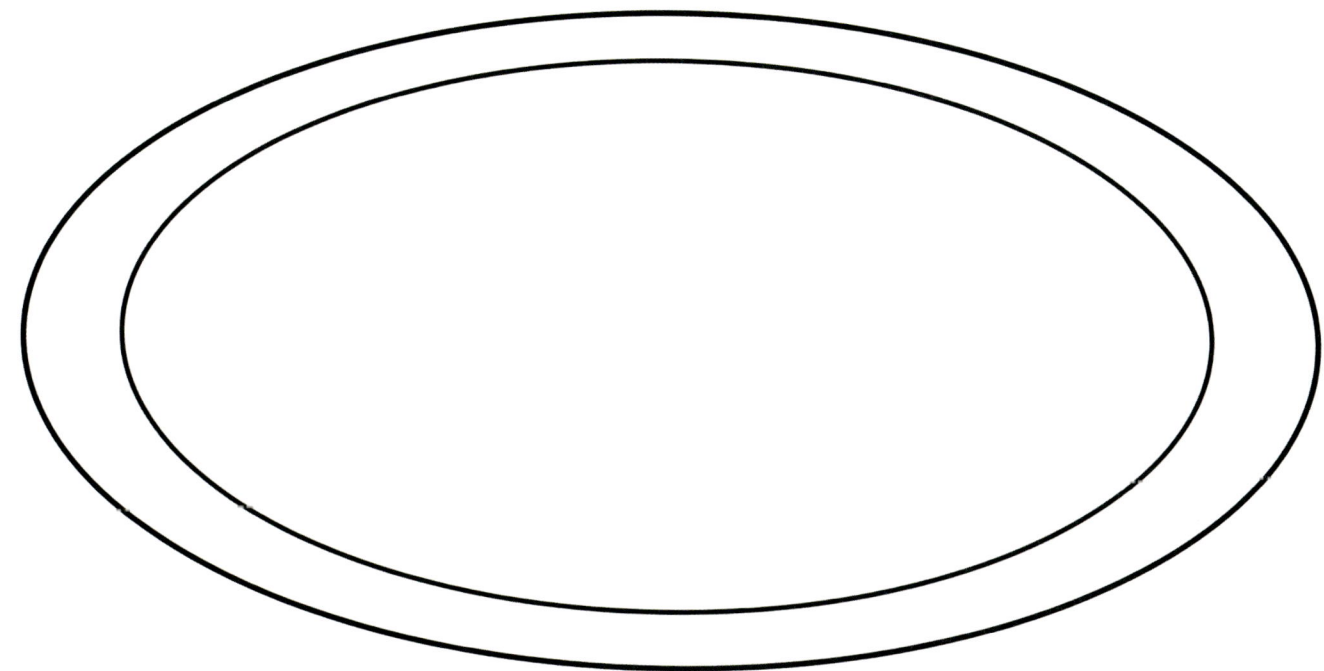

다음 날 아침, 친구들은 변비에 좋은 음식을 동구에게 선물해줬어요.
어떤 음식을 선물해줬을까요?

방귀 10   탐정님이 불러주는 단어들을 잘 듣고 선물이 뭔지 맞혀보세요.

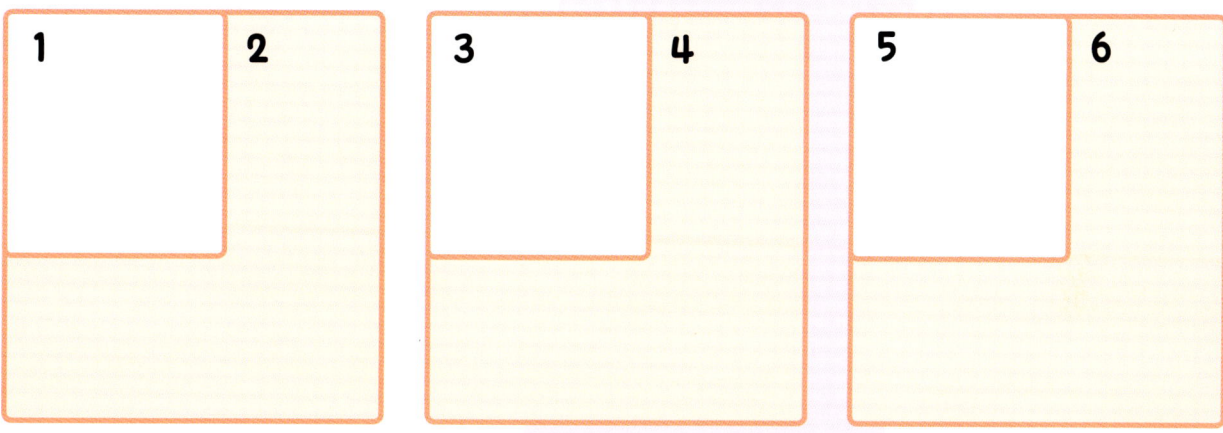

| 1 | 2 | | 3 | 4 | | 5 | 6 |

친구들이 선물해준 것은 바로!

얘들아, 정말 고마워! 나 꼭 변비 나을게!

103

사건 일지를 완성해주세요. 방귀를 뀐 친구는 누구였나요?

사건일지

사건번호 : 20XX-004

사건명 : 방귀 냄새의 범인은 누구?

지독한 방귀 냄새의 주인공은 ____였어요.

과일과 채소를 잘 안 먹는 습관 때문에

____가 생긴 거였어요.

친구들은 ____를 동구한테 선물했어요.

작성자 : 탐정 조수 _____

잘했어요! 네 번째 사건도 멋지게 해결했네요!!

당분간 방귀 사건은 좀 쉬어야겠어.
코가 마비된 것 같아. 아찔하군.
자네 코는 괜찮나?

아, 마지막 네 번째 탐정 배지를 잊었군! 여기 있네!
이제 탐정 협회의 공식 탐정 조수가 될 수 있겠어!
축하하네.

재빠른 탐정사무소

부록에 있는 탐정 배지 스티커를 14쪽에 붙여보세요.
탐정 배지를 다 모았군요! 잘했어요.
다음 장에 있는 조수 임명장을 받으세요!

탐정 협회 회장님을 만나 뵙고 왔지.
회장님께서도 자네 칭찬을 많이 하시더군.
자, 여기 자네의 조수 임명장일세. 축하하네.

앞으로도 날 도와준다면, 그땐 **공식 탐정**이 될 수 있다네.

어때? 나와 계속 함께 하겠나?

2권에 계속 …

임 명 장

이름 _____

위 사람을 탐정 협회의
공식 탐정 조수로 임명합니다.

20 년 월 일

탐정 협회장 나개코

저자 소개

최소영 이화여자대학교 언어병리학 석사/발달심리학 박사. 언어재활사협회 정회원. 1급 언어재활사.
김재리 이화여자대학교 언어병리학 석사. 언어재활사협회 정회원. 1급 언어재활사.

예꿈 사회성 시리즈

- 무슨 말이지? 숨은 뜻을 알아보자! ·START·
- 공감왕이 되고 싶어! ·START·
- 무슨 문제든 척척 해결사가 되길 원해! ·START·
- 단서로 상황을 추론해 보자! ·START·
- 만화로 사회성을 키우고 싶어! ·START·

· 포포카드 ·	· 화용만화 ·	· 상추카드 ·	· 원해카드 ·	· 숨찾카드 ·

 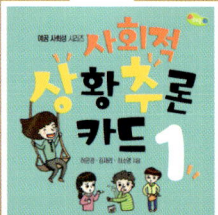  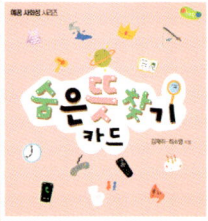

· 센스 레벨업 · 사회적 센스 만렙이 되어 보상을 얻어 보자!

 우정의 트로피 X 100
 센스의 물약 X 100
 배려의 물약 X 100
 인기의 보물 X 100

문해력

다원쌤의 문해력 더하기 사고력 1·2

한 문장부터 차근차근 이해하는 문해력! 읽은 내용을 요리조리 사고하는 사고력!

청해력

재빠른 탐정님의 탐정수업 1·2

탐정님의 조수가 되어 사건을 해결하며 청각 주의력, 청각 기억력을 높이자!

어휘/개념

시간 배우기는 재밌어

시간 개념의 모든 것을 한 권에! 364 페이지에 달하는 시간 개념 어휘 사전!

발음/이야기

또박또박 재잘재잘 이야기 발음카드

이야기 수준에서 발음 연습을 돕는 그림 카드! 60개 이야기, 카드 360장!

어휘력을 길러주는 우리아이 언어학습 -학교편-

초등학교 입학 전 필수 어휘 수록! 어휘 학습을 위한 그림, 활동, 단어카드가 가득!

기초부터 특별한 단어책 - 동사/형용사 시리즈

유아 어휘 발달의 핵심은 동사/형용사! 동사와 형용사를 배우는 기특한 책!

■ **교재 구입** 알라딘, 예스24, 교보문고, 쿠팡 등에서 구입할 수 있습니다. 검색창에 검색해주세요!

듣기 능력을 키워주는
재빠-른 탐-정님의 탐-정수업 1

초판 1쇄 발행	2021. 4. 20.
초판 2쇄 발행	2024. 6. 1.

지은이	최소영 김재리
편집	김재리
그림	최소영

발행처	예꿈교육
주소	서울특별시 금천구 가산디지털2로 98, 2동 1107호
E-mail	jd_children@naver.com
인스타	@jd_children
블로그	blog.naver.com/jd_children
카페	cafe.naver.com/jdreamchildren
등록	2015. 3. 2. 제25100-2015-000017호
가격	21,000원

ISBN 979-11-87624-13-4
ISBN 979-11-87624-12-7 (세트)

ⓒ 예꿈교육, 2021

이 책은 저작권법에 의하여 보호를 받는 저작물이므로 무단 전재, 복제, 발췌를 금합니다.

KC | **품명** 아동 도서 | **제조년월** 2024년 6월 1일 | **사용연령** 4세 이상 | **제조국명** 대한민국
제조자명 예꿈교육 | **주소** 서울특별시 금천구 가산디지털2로 98, 2동 1107호

부록 1 _ 잘라서 사용하세요.

 다람쥐 3 다람쥐의 얘기를 잘 듣고, 어떤 일이 있었는지 알아보세요.  20쪽

보석 8 여우의 얘기를 잘 듣고, 어떤 일이 있었는지 알아보세요. 45쪽

부록 1

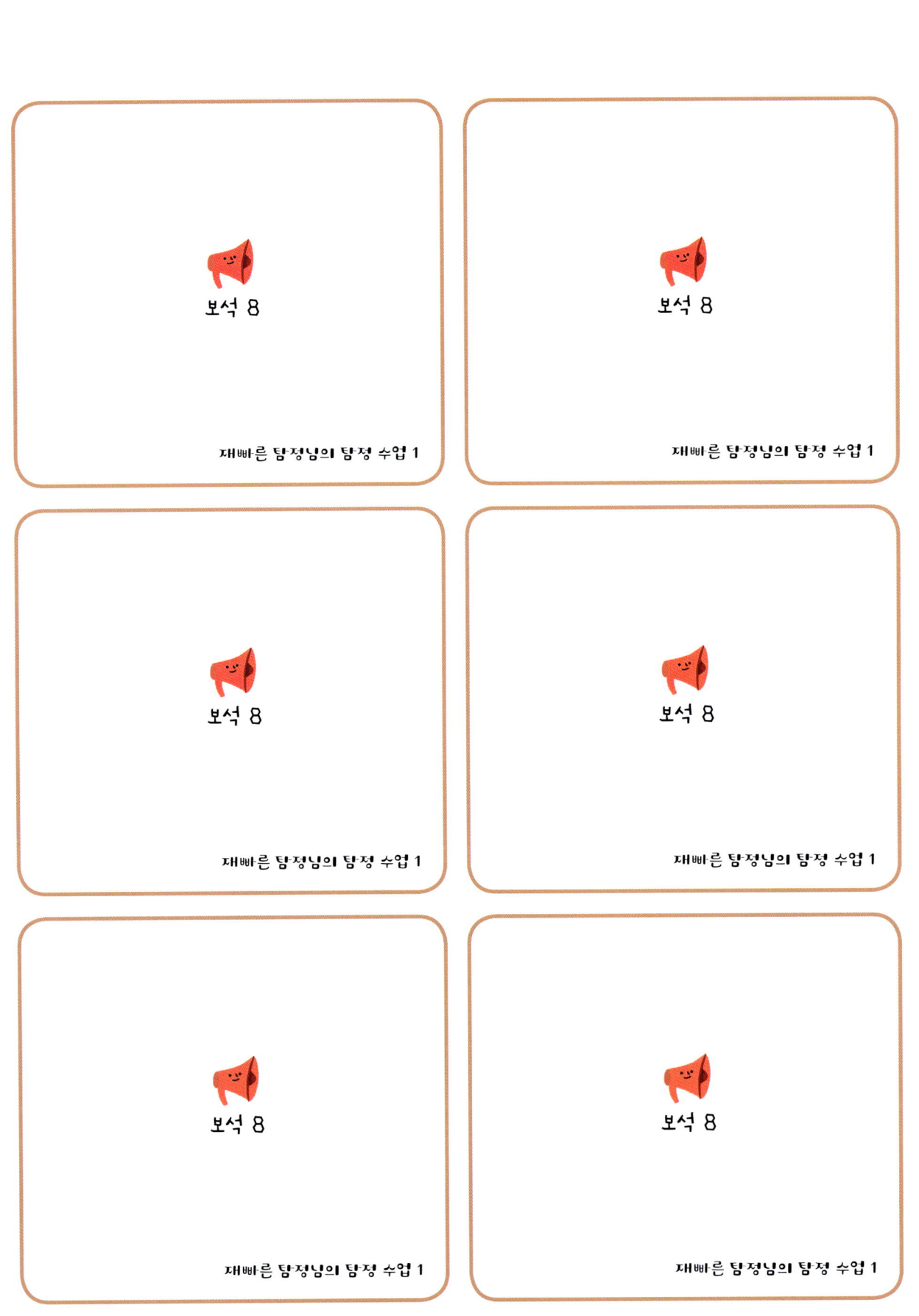

오리가 들려주는 수수께끼를 잘 듣고 정답을 맞혀보세요. 오리의 힌트를 다 듣고 단서 카드 4개(부록 115쪽)를 아래 칸에 올려보세요. 정답을 말한 다음, 카드를 모두 뒤집어서 답이 맞는지 확인해보세요. 53쪽

1	2
3	4

보석 11

재빠른 탐정님의 탐정 수업 1

부록 1

 단어를 잘 듣고 기억해서 큰 것부터 순서대로 써보세요. 63쪽
그런 다음 부록 117쪽의 단어 카드를 같은 이름 위에 내려놓아 보세요.

1
| 복숭아 | 블루베리 | 수박 | 딸기 |

2
| 고양이 | 코끼리 | 토끼 | 개미 |

3
| 열 | 다섯 | 하나 | 백 |

편지 나

할	고	게	백
을	너	나	는
좋	♥	해	아

부록 1

 편지 7 하나의 얘기를 잘 듣고, 준우랑 어떤 일이 있었는지 알아보세요. 68쪽

부록 2 _ 스티커

탐정 배지를 모아라!

 다람쥐 얘기를 잘 듣고, 사건 현장을 완성해보세요.

     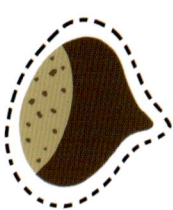

잘 듣고 색연필과 부록의 스티커를 이용해 셰이크를 꾸며주세요. 44, 45쪽

 잘 듣고 부록에 있는 스티커를 붙여서 우리 학교 그림을 완성해주세요. 60, 61쪽

교무실

화장실

음악실

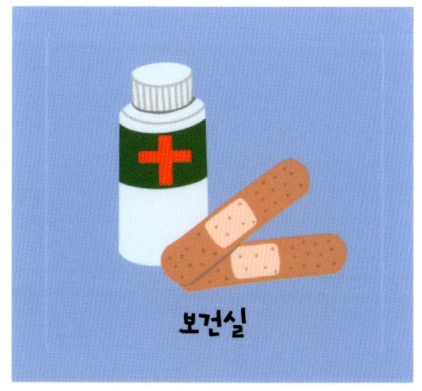
보건실

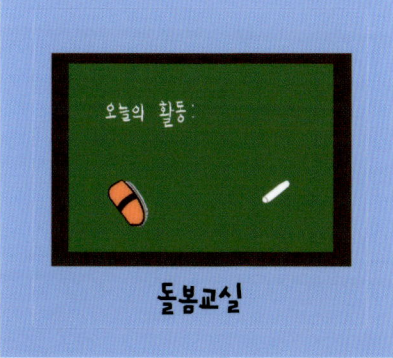
돌봄교실

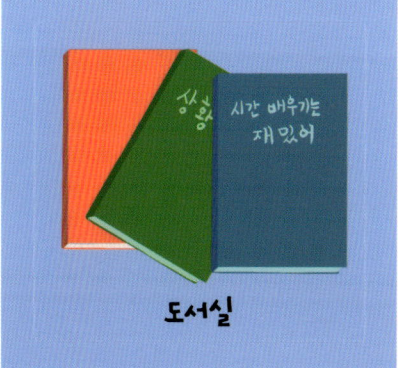
도서실

급식실

2학년 2반

지침서 및 듣기 지문

| 초판 1쇄 발행 | 2021. 4. 20. |

지은이	최소영 김재리
편집	김재리
그림	최소영

발행처	예꿈교육
주소	서울특별시 금천구 가산디지털2로 98, 2동 1107호
카페	cafe.naver.com/jdreamchildren
E-mail	jdchildren@naver.com
등록	2015. 3. 2. 제25100-2015-000017호
가격	20,000원

ISBN 979-11-87624-13-4

ISBN 979-11-87624-12-7 (세트)

ⓒ 예꿈교육, 2021

이 책은 저작권법에 의하여 보호를 받는 저작물이므로 무단 전재, 복제, 발췌를 금합니다.

품명 아동 도서 | 제조년월 2021년 4월 20일 | 사용연령 4세 이상 | 제조국명 대한민국
제조자명 예꿈교육 | 주소 서울특별시 금천구 가산디지털2로 98, 2동 1107호

소개합니다

듣기 능력을 키워주는 재빠른 탐정님의 탐정 수업은 아동들의 주의 및 청각 작업기억 능력을 향상하기 위한 목적의 책입니다. 작업기억은 우리가 받아들인 정보를 처리하여, 우리가 흔히 '기억한다'라고 말할 때의 기억, 즉 장기기억으로 넘겨주는 역할을 합니다. 예를 들면, 우리가 새로운 외국어 단어를 학습할 때, 그 단어를 머릿속의 저장소에 아주 잠시 두게 됩니다. 이때 우리는 그 단어를 외우고자 다양한 작업을 하게 됩니다. 계속해서 그 단어를 암송하거나, 기존에 알고 있던 단어와 연결한다거나, 손으로 써보거나 하는 등의 작업을 통해 그 단어를 외우고 장기적으로 기억하게 됩니다. 만약 그렇게 노력하지 않는다면 우리는 그 단어를 기억할 수 없고 아주 짧은 시간 이후 잊어버리게 될 것입니다. 새로운 정보를 단기적으로 기억 속에 담고 작업하여 장기기억으로 넘기는 그 공간을 작업기억이라고 합니다. 특히, 그중에서도 아동들에게 중요한 기억은 청각 작업기억입니다. 시각적으로 제시되는 외부 자극은 비교적 그 자리에 머물러있는 것에 비해, 청각적인 자극은 순식간에 사라져버려서 우리의 기억 속에 담겨있지 않는다면 기억하기가 더 어렵습니다. 만약 아동이 학교에서 수업을 들을 때, 선생님이 들려주는 내용에 주의를 기울이고 그것을 기억에 담아 처리할 수 없다면 학습할 수 있을까요? 부모님이 심부름을 시켰을 때, 그 말에 주의를 기울이고 머릿속에 유지하지 못한다면 심부름을 할 수 있을까요? 친구들과 대화를 하면서 수없이 주어지는 정보들에 계속 주의를 기울이고 생각할 수 없다면 얼마나 대화를 유지할 수 있을까요? 따라서 청각적 주의와 작업기억을 늘려주는 것은 아동들의 학습, 사회성을 넘어서 전반적인 삶의 영역에서 중요한 역할을 할 것입니다. 이 책은 이러한 능력을 길러줄 수 있는 다양한 활동을 담고 있습니다.

학습의 핵심 중 하나는 반복입니다. 하지만 반복은 때로 지루함을 느끼게 하고, 그래서 학습의 또 다른 핵심인 동기를 놓치게도 합니다. 이 책은 반복과 동기, 이 두 가지를 모두 놓치지 않게 하도록 구성했습니다. 아주 재미있게, 반복하는지도 모르게 반복 연습을 할 수 있게 아동들의 호기심을 자극하는 흥미로운 자료와 이야기를 소재로 삼았습니다. 또한 효과적으로 기억할 수 있는 전략을 자연스럽게 길러주기 위해 시각, 청각, 소근육 등을 복합적으로 사용하도록 하며, 이러한 전략이 익숙해지도록 하여 학습의 효과를 높이도록 했습니다. 부모님이 그만하라고 해도 다음 이야기가 궁금해서 계속하겠다는 아동의 모습을 관찰하실 수 있을 것입니다.

활용 방법

 +

유튜브(YouTube)에 있는 음성파일을 들으면서 아동 혼자 책을 활용할 수 있습니다. 듣기 활동에 필요한 음성이 예꿈교육 유튜브 채널에 동영상으로 제공되므로, 아동 혼자서 파일을 들으며 활동을 해나갈 수 있습니다.

다만, 아동이 듣기 활동에 어느 정도 숙련되어 있어서 혼자 학습하는 것이 어렵지 않을 때만 혼자서 하도록 해주세요. 만약 듣기에 어려움이 있다면, 부모님 또는 선생님께서 아동이 익숙해질 때까지 함께 진행해주시기를 권고드립니다. 혼자 할 수 있는 경우라도, 아동은 자신을 가르쳐주는 어른과 학습할 때 더 많이 배울 수 있으므로, 부모님이나 선생님과 함께할 때 이 책의 효과가 더욱 크게 발휘될 것입니다.

이 책의 듣기 활동들은 아동에 따라서 조금 어려울 수 있기 때문에 다음과 같이 난이도를 조절하여 진행할 수 있도록 구성하였습니다. 정확한 판단이 어렵다면, 지금 간단한 검사를 통해 아동의 수행을 확인해보세요. 예를 들면, 몇 개의 사물 이름을 들려만 준 뒤 모두 찾아오게 해보거나, 짧은 이야기를 들려주고 기억해서 이야기하도록 해볼 수 있습니다.

1 책의 내용을 그대로 진행할 아동 : 재생목록 1
- 짧은 이야기를 집중해서 들을 수 있는 아동
- 단어나 짧은 어구를 들려줄 때, 4~6개 정도로 기억을 할 수 있는 아동

2 도움이 조금 더 필요한 아동 : 재생목록 1-1
- 다른 사람이 말을 할 때 잘 집중하지 않거나 주의가 아주 쉽게 흐트러지는 아동
- 시각 자극 없이 단어를 들려줄 때 3~4개 이하로만 기억을 할 수 있는 아동

부모님, 선생님이 함께 진행할 때는 해당하는 동영상을 들려주시거나 듣기 지문에 표시되어 있는 대로 아이 수준에 맞춰 지문을 나누어 들려주시면 됩니다. 아동 혼자서 진행할 때는, 초기에 아동에게 들어야 할 재생목록을 알려주셔서 해당하는 영상을 찾아 듣도록 해주시면 됩니다. 또한 다음 장에 각각의 과제를 아동의 수준에 따라 어떻게 진행하는 것이 좋은지 방법을 안내하였습니다. 내용을 참고하여 난이도를 조절해주세요.

본문 예시

- 책을 읽는 아동이 재빠른 탐정님의 조수가 되어 사건을 해결해나가는 것이 이야기의 큰 틀입니다. 아동은 탐정 이야기를 따라가면서 다양한 듣기 활동을 하게 됩니다.
- 이야기를 읽다가 듣기 질문이 나오면 유튜브 재생목록에서 해당하는 동영상을 재생합니다. 음성 파일을 들으며 내용에 맞게 활동을 진행하면 됩니다.

📢 보석 7. 잘 듣고 색연필과 부록의 스티커를 이용해 셰이크를 꾸며주세요.

재빠른 탐정님의 탐정 수업 1에서 **보석 7** 동영상을 클릭합니다. 좀 더 쉬운 버전의 음성을 들으려면 **재빠른 탐정님의 탐정 수업 1-1**에서 **보석 7-1** 동영상을 들으면 됩니다.

- 부모님이나 선생님께서 함께해주실 때는 해당하는 동영상을 재생하셔도 좋고, 해설지에 나와 있는 듣기 지문을 직접 읽어주셔도 좋습니다.

해설지 예시

6. 지시따르기 📢 보석 7. 잘 듣고 색연필과 부록의 스티커를 이용해 셰이크를 꾸며주세요. 45쪽

이렇게 들려주세요. ① 초콜릿색 셰이크를 가장 먼저 담고, 그다음으로 노란색 셰이크와 주황색 셰이크를 차례대로 담아주게. ② 주황색 셰이크에는 귤 두 조각을, 노란색 셰이크에는 남은 바나나와 사과를 넣어주거나. ③ 그런 다음, 하늘색 셰이크를 담고 초콜릿 시리얼을 듬뿍 넣어주게. ④ 마지막으로 분홍색 셰이크를 담고 체리 한 개를 올려 장식해 주면 좋겠군.

- 문제마다 어떤 듣기 활동인지 활동명이 제공되어 있습니다.
  활동명을 확인한 뒤, 다음 장에 나오는 상세한 활동 가이드를 참고하여 진행합니다.

- 해설지에는 듣기 지문이 제공됩니다. 부모님이나 선생님께서 직접 지문을 읽어주실 때 난이도 조절이 용이하도록 긴 지문을 숫자로 나누어 표시해두었습니다. 아동의 듣기 실력에 맞게 한 번에 읽어주는 양을 조절해주시면 됩니다.

듣기 활동 목록

본 책에 제공되는 듣기 활동들은 다음과 같습니다.

1. 듣고 그대로 기억하기: 숫자/글자/단어
2. 듣고 거꾸로 기억하기: 숫자/글자/단어
3. 듣고 순서대로 재배열하기: 숫자/글자/단어
4. 듣고 세부내용 기억하기
5. 듣고 이야기 순서 맞추기
6. 듣고 지시 따르기: 위치 찾기/길 찾기/색칠하기/그리기 등
7. 듣고 이상한(또는 틀린) 부분 찾기
8. 듣고 판단하기: 사람 찾기/동물 찾기/사물 찾기/순서 찾기 등
9. 듣고 이해하기: 이야기/설명
10. 듣고 요약하기
11. 수수께끼
12. 듣기 게임: 청기백기, 교실에 가면~, 낱말퍼즐
13. 듣고 음운 인식하기

듣기 활동 안내

1. 그대로 기억하기: 숫자/글자/단어

숫자/글자/단어를 듣고 기억하는 과제입니다. 3~5개의 숫자/글자/단어들이 한 세트로 구성되어 있고, 한 세트씩 듣고 기억하여 그대로 따라 말하거나 책에 적어보는 활동입니다. 활동마다 2~5개의 듣기 세트가 있어 반복 연습을 할 수 있습니다. 한 세트를 들려주실 때 1초에 한 개씩 숫자/글자/단어를 들려주시고, 해당 세트의 모든 숫자/글자/단어를 다 들려준 뒤 아동이 기억해서 다시 말하거나 쓰도록 해주세요. 그런 다음에 다음 세트로 넘어갑니다. 듣는 중간에 숫자/글자/단어를 말하거나 쓰지 않고, 끝까지 다 들은 뒤 회상하도록 해주세요. 아동이 숫자/글자/단어를 하나 못 들었다고 한다면, 그것만 들려주시지 말고 한 세트 전체를 다시 불러주세요. 아동이 이 활동을 아주 잘한다면, 응용도 가능합니다. 예를 들면, 두 세트를 한 번에 들려준 뒤 회상하게 하거나, 중간에 다른 숫자/글자/단어를 넣어 불러주고 그 숫자/글자/단어를 빼고 회상하게 한다거나, 들은 뒤 바로 말하거나 쓰게 하지 말고 시간이 조금 지연된 뒤에 떠올리게 할 수 있습니다.

1 책의 내용을 그대로 진행할 아동: 필요하다면 책에 제시된 **시각 자극***을 보면서 들을 수 있게 해주세요. 숫자/글자/단어 자극은 위의 설명대로 세트별로 들려주며 진행해주세요.

1-1 도움이 필요한 아동: 늘 책에 제시된 시각 자극을 같이 주세요. 그래도 아동이 어려워한다면 일부 숫자/글자/단어를 미리 써놓고 시작하거나, 전체를 한 번에 들려주지 않고 한 세트를 반으로 나눠서 2~3개를 먼저 듣고 중간에 회상하도록 해주세요. 세트를 통째로 여러 번 반복해서 들려줄 수도 있습니다.

2. 거꾸로 기억하기: 숫자/글자/단어

숫자/글자/단어를 듣고 기억하되, 거꾸로 회상하여 나중에 들은 것부터 말하거나 쓰는 과제입니다. 3~5개의 숫자/글자/단어들이 한 세트로 구성되어 있고, 활동마다 2~5개의 듣기 세트가 있어 반복 연습을 할 수 있습니다. 한 세트를 들려주실 때 1초에 한 개씩 숫자/글자/단어를 들려주시고, 해당 세트의 모든 숫자/글자/단어를 다 들려준 뒤 아동이 기억해서 마지막에 들은 것부터 거꾸로 다시 말하거나 쓰도록 해주세요. 그런 다음에 다음 세트로 넘어갑니다. 듣는 중간에 숫자/글자/단어를 말하거나 쓰지 않고, 끝까지 다 들은 뒤 말하거나 쓰도록 해주세요. 아동이 숫자/글자/단어를 하나 못 들었다고 한다면, 그것만 들려주시지 말고 한 세트 전체를 다시 불러주세요. 아동이 이 활동을 아주 잘한다면, 응용도 가능합니다. 예를 들면, 두 세트를 한 번에 들려준 뒤 거꾸로 회상하게 하거나, 들은 뒤 바로 말하거나 쓰게 하지 말고 시간이 조금 지연된 뒤에 떠올리게 할 수 있습니다.

2 책의 내용을 그대로 진행할 아동: 필요하다면 책에 제시된 시각 자극을 보면서 들을 수 있게 해주세요. 위 설명대로 세트별로 청각 자극을 듣고 거꾸로 바꾸어 산출하게 해주세요.

2-1 도움이 필요한 아동: 늘 책에 제시된 시각 자극을 같이 주세요. 들은 내용을 거꾸로 기억하는 것은 듣기가 힘든 아이들에게 매우 어려울 수 있어요. 따라서 그대로 기억하는 과제로 바꾸어 주셔도 좋습니다. 아동이 어려워한다면 일부 숫자/글자/단어를 미리 써놓고 시작하거나, 전체를 한 번에 들려주지 않고 세트를 나눠서 2~3개를 먼저 듣고 중간에 회상하도록 해주세요. 세트를 통째로 여러 번 반복해서 들려줄 수도 있습니다.

 **시각 자극**: 해설지에 있는 '시각 자극'이란, 시각적으로 확인할 수 있는 모든 도움 자료를 말합니다. 책 본문에서 제공하는 그림, 지문, 글자 힌트, 정답을 쓸 수 있는 빈칸 등과 책 부록의 그림 카드, 스티커 등이 모두 포함될 수 있으며, 때때로 부모님 또는 선생님께서 과제를 조금 더 쉽게 해주시기 위해서 일부분을 채워놓는 것도 시각 자극이 될 수 있습니다.

3. 듣고 순서대로 재배열하기: 숫자/글자/단어

　이 활동은 숫자/글자/단어를 듣고 기억하는 과제의 응용된 형태로, 머릿속에서 들은 정보를 조작해 순서대로 재배열한 뒤 회상해내는 과제입니다(예: 들은 단어를 가나다 순으로 배열하기, 들은 동물 이름을 크기가 작은 것부터 다시 말하기). 마찬가지로 3~5개의 숫자/글자/단어들이 한 세트로 구성되어 있고, 활동마다 2~5개의 듣기 세트가 있어 반복 연습을 할 수 있습니다. 한 세트를 들려주실 때 1초에 한 개씩 숫자/글자/단어를 들려주시고, 해당 세트의 모든 숫자/글자/단어를 다 들려준 뒤, 아동이 순서대로 재배열해서 회상하도록 합니다. 그런 다음에 다음 세트로 넘어갑니다. 아동이 숫자/글자를 하나 못 들었다고 한다면, 그것만 들려주지 말고 한 세트 전체를 다시 불러주세요. 아동이 이 활동을 아주 잘한다면, 응용도 가능합니다. 예를 들면, 두 세트를 한 번에 들려준 뒤 회상하게 하거나, 중간에 다른 숫자/글자/단어를 넣어 불러주고 그 숫자/글자/단어를 빼고 회상하게 한다거나, 들은 뒤 바로 말하거나 쓰게 하지 말고 시간이 조금 지연된 뒤에 떠올리게 할 수 있습니다.

3　책의 내용을 그대로 진행할 아동: 필요하다면 책에 나와 있는 시각 자극을 먼저 준 다음 듣기 과제를 시작하도록 해주세요. 위 설명대로 듣기 자극은 한 세트씩 들려주시고, 들은 내용을 시각 자극을 활용해서 재배열하거나 머릿속으로 재배열하여 답하도록 하면 됩니다.

3-1　도움이 필요한 아동: 책에 나와 있는 시각 자극을 먼저 준 다음, 듣기 전에 문제를 푸는 데 힌트가 될 내용에 대해 미리 이야기 나누세요. 예를 들어, 크기대로 배열하는 과제라면, 어떤 것이 가장 작고 어떤 것이 가장 큰지를 순서대로 먼저 이야기한 다음 듣기 활동을 시작하세요. 예를 들어, 가나다 순으로 글자를 배열하는 과제라면, 먼저 '가나다…'를 순서대로 써보면서 글자의 순서를 확인하도록 해주세요. 또한 한 세트 안에서도 단어의 개수를 조절할 수 있습니다. 전체를 한 번에 들려주지 않고 2~3개를 먼저 듣고 순서대로 회상해 보도록 해주세요.

4. 듣고 세부내용 기억하기

　짧은 문단을 들으면서 세부적인 내용을 찾는 과제입니다. 들려주는 문단이 본문에 글로 제시되어 있으며, 아동이 주의 깊게 들어야 할 부분이 빈칸으로 되어 있습니다. 아동은 들은 내용을 떠올리며 빈칸에 들어갈 내용을 말하거나 쓰면 됩니다. 한 번에 들려주는 문장의 수는 아동의 듣기 수준에 따라 조절이 가능합니다. 나누어 들려주기 용이하도록 문장마다 번호가 표시되어 있습니다. 만약 아동이 못 들었다고 하면, 빈칸에 들어갈 내용만 들려주시는 게 아니라, 해당하는 문장 전체를 다시 들려주세요. 아동이 이 활동을 아주 잘한다면, 응용도 가능합니다. 예를 들면, 아예 시각 자극 없이 책을 덮은 뒤, 다 들은 후에 빈칸을 채우게 해주세요.

4　책의 내용을 그대로 진행할 아동: 시각 자극을 보면서 들을 수 있게 해주세요. 위 설명대로 문단 전체를 처음부터 끝까지 다 들려주시고, 그 다음에 빈칸을 채우게 해주세요.

4-1　도움이 필요한 아동: 책의 시각 자극을 먼저 보여주세요. 그런 다음 문장을 하나씩 들려주고, 빈칸을 채우게 해주세요. 그리고 다음 번호의 문장으로 넘어가주세요. 어려워한다면 문장을 들려줄 때 빈칸에 들어갈 단어를 강조해서 들려주세요. 유튜브 음성을 활용할 경우에는 해당 단어가 나오기 전에 재생을 잠시 멈추고, 이제부터 잘 들어보라는 지시를 해주시거나, 또는 단어를 들은 뒤 잠깐 멈추고 어떤 단어가 나왔었는지 한번 더 얘기해 주시는 방법으로 난이도 조절이 가능합니다.

5. 듣고 이야기 순서 맞추기

긴 문단을 듣고 이야기의 순서를 기억하여 6컷으로 이루어진 장면 그림의 순서를 찾는 활동입니다. 한 번에 들려주는 문장의 수는 아동의 듣기 수준에 따라 조절이 가능합니다. 나누어 들려주기 용이하도록 문장마다 번호가 표시되어 있습니다. 만약 아동이 못 들었다고 하거나 놓친 내용이 있다면, 해당하는 문장이 아닌 이야기 전체를 다시 들려주세요. 아동이 이 활동을 아주 잘한다면, 응용도 가능합니다. 예를 들면, 장면 그림을 미리 보여주지 않고 이야기를 들려준 다음 그림을 주어 순서를 맞추게 할 수 있습니다. 또는 그림을 주지 않고 요약해서 말하는 방식으로도 진행할 수 있습니다.

5 책의 내용을 그대로 진행할 아동: 순서가 뒤섞인 6개의 장면 그림을 주고, 이야기를 처음부터 끝까지 모두 들려주세요. 그런 다음 해당하는 장면 그림들을 골라 순서를 맞추도록 합니다. 이야기가 다소 길어 아동이 힘들어한다면, 위 설명대로 이야기 전체를 다시 들려주도록 합니다.

5-1 도움이 필요한 아동: 순서가 뒤섞인 6개의 장면 그림을 미리 주고, 문장을 1~2개씩 들려주세요. 그런 다음 해당하는 장면 그림을 고르도록 합니다. 그다음 번호의 문장을 들려주시고 해당하는 장면 그림을 고르도록 합니다. 이렇게 해서 전체 내용을 다 들으면 자연스럽게 장면 그림 순서가 맞춰집니다.

6. 듣고 지시 따르기: 위치 찾기/길 찾기/색칠하기/그리기 등

문단을 들은 다음, 지시에 따라 그림을 완성하거나, 스티커를 붙이거나, 주어진 그림에서 해당하는 위치를 찾아 표시하거나, 지도 그림을 보며 길을 찾아가는 등 지시를 이해하고 기억하는 과제입니다. 한 번에 들려주는 문장의 수는 아동의 듣기 수준에 따라 조절이 가능합니다. 나누어 들려주기 용이하도록 문장마다 번호가 표시되어 있습니다. 만약 아동이 기억하지 못하는 부분이 있다면, 일부가 아닌 해당하는 문장 전체를 다시 들려주세요. 아동이 이 활동을 아주 잘한다면, 응용도 가능합니다. 예를 들면, 미리 그림을 보여주지 않고, 들은 내용에만 의지하여 지시에 따르도록 할 수 있습니다.

6 책의 내용을 그대로 진행할 아동: 필요하다면 시각 자극을 보여주고 문단을 처음부터 끝까지 모두 듣게 한 다음, 지시에 따르도록 해주세요.

6-1 도움이 필요한 아동: 시각 자극을 듣기 전에 미리 보면서 그림에 있는 정보들을 파악하도록 해주세요. 그런 다음 문장을 하나씩 들려주세요. ①번에 해당하는 문장을 다 들은 다음 지시에 따르도록 하고, 계속해서 다음 번호의 문장들을 들려주시면 됩니다.

7. 듣고 이상한(또는 틀린) 부분 찾기

짧은 문단을 듣고 이상하거나 틀린 부분을 찾아내는 활동입니다. 주로 이야기의 등장인물이 하는 말속에 틀리게 말한 단어가 있거나 말이 안 되는 내용이 있어, 아동이 그 부분을 찾아내는 방식입니다. 이 활동 또한 한 번에 들려주는 문장의 수는 아동의 듣기 수준에 따라 조절이 가능합니다. 나누어 들려주기 용이하도록 문장마다 번호가 표시되어 있습니다. 만약 아동이 못 들었다고 하거나 이상한 부분을 못 찾는다면, 그 부분이 아닌 문단 전체를 다시 들려주세요. 찾은 부분을 알맞게 고쳐서 다시 말하도록 하는 것은 좋은 추가 과제가 될 수 있습니다.

7 책의 내용을 그대로 진행할 아동: 필요하다면 시각 자극을 주고 문단을 들려준 뒤, 이상한 부분이나 틀린 부분이 있는지 찾아내도록 해주세요. 그리고 그 부분이 어떤 부분인지도 말하도록 하고, 알맞게 고칠 수 있다면 고쳐보도록 해주세요.

7-1 도움이 필요한 아동: 시각 자극을 보면서 듣게 해주세요. 틀리거나 이상한 부분은 강조해서 들려주세요. 유튜브 음성을 활용할 경우에는 해당 단어가 나오기 전에 재생을 잠시 멈추고, 이제부터 잘 들어보라는 지시를 해주시거나, 또는 단어를 들은 뒤 잠깐 멈추고 어떤 단어가 나왔었는지 한번 더 얘기해주시는 방법으로도 난이도 조절이 가능합니다. 한 번호의 문장을 들려준 다음, 이상하거나 틀린 부분이 있었는지 없었는지를 판단해서 말해보도록 하고, 그런 다음에 다음 번호로 넘어가도록 합니다.

8. 듣고 판단하기: 사람 찾기/동물 찾기/사물 찾기/순서 찾기 등

들은 정보들을 통합하여 다양한 조작 활동(비교, 대조, 순서화, 범주화, 관련 없는 내용 제외시키기, 이미 알고 있는 정보와 연결지어 사고하기 등)을 하는 과제입니다. 주어진 정보를 토대로 사람 또는 동물을 찾는 활동(예: 인상착의를 듣고 범인 찾기), 문장 간의 전후 관계를 비교하여 일이 일어난 순서를 파악하는 활동(예: 가장 늦게 집에 간 아이 찾기), 범주/상하 관계를 활용하여 관련 없는 내용을 제외시키는 활동(예: 그림 그리기 주제에 맞지 않는 단어 찾기) 등 다양한 활동이 있습니다. 듣고 내용을 회상하는 것 외에 다양한 기술이 필요하므로 아동의 고차 인지 능력을 향상시킬 수 있습니다. 다만 난이도가 어려울 수 있으므로 필요한 기술들을 따로 연습하거나 단서를 적절하게 주는 것이 필요합니다.

다른 활동과 마찬가지로 한 번에 들려주는 문장의 수를 아동의 듣기 수준에 따라 조절할 수 있고, 문장마다 번호가 표시되어 있어 임의대로 나누어 들려주기 용이합니다. 아동이 못 듣거나 어려워하는 부분이 있을 때, 해당하는 부분만이 아닌 전체 내용을 다시 들려주는 것이 좋습니다. 아동이 이 활동을 아주 잘한다면, 응용도 가능합니다. 예를 들면, 답을 말했을 때 그 답이 왜 답이 되는지를 말하도록 해서 추론 과정을 언어화해볼 수도 있습니다.

8 책의 내용을 그대로 진행할 아동: 필요하다면 시각 자극을 보여주고, 듣기 지문을 처음부터 끝까지 다 들려주세요. 그런 다음 답을 찾아내게 해주세요.

8-1 도움이 필요한 아동: 시각 자극을 미리 보면서 정보를 파악하도록 해주세요. 번호 하나에 해당하는 문장들을 들려주고 판단하는 과제를 수행하게 해주세요. 예를 들어, 문장을 듣고 누가 가장 늦게 집에 갔는지를 판단하는 과제라면 이런 식으로 진행합니다. 수미가 진호보다 늦게 갔다는 문장을 들려주고, 진호와 수미의 이름을 순서대로 쓰도록 해주세요. 그 다음에 수미가 영미보다 늦게 갔다는 문장을 들려주고, 수미 이름 다음에 영미 이름을 쓰도록 해주세요.

9. 듣고 이해하기: 이야기/설명

긴 문단을 듣고 이야기 또는 설명에 담긴 중요한 정보들을 기억해서 질문에 답을 하는 활동이에요. 다른 활동과 마찬가지로 한 번에 들려주는 문장의 수를 아동의 듣기 수준에 따라 조절할 수 있고, 문장마다 번호가 표시되어 있어 임의대로 나누어 들려주기 용이합니다. 아동이 못 듣거나 어려워하는 부분이 있을 때, 해당하는 부분만이 아닌 전체 내용을 다시 들려주는 것이 좋습니다.

9 책의 내용을 그대로 진행할 아동: 번호에 상관없이 모든 이야기를 처음부터 끝까지 들려주세요. 그런 다음에 질문을 하나씩 들려주며 응답하게 해주세요.

9-1 도움이 필요한 아동: 문장을 하나씩 들려주세요. 그런 다음 해당 번호 문장과 같은 번호의 질문을 바로 이어서 해주세요. 그 다음에 또 다른 문장을 듣고 질문에 답하도록 해주세요.

10. 듣고 요약하기

짧은 문단을 듣고 이야기 또는 설명에 담긴 중요한 정보들을 기억해서 요약해서 다시 말하는 활동이에요. 한 두 줄로 요약해서 말하도록 해주세요. 이 내용은 듣기보다는 조작하여 줄이는 능력이 중요하기 때문에 난이도를 나누어 설명하지 않았습니다. 도움이 필요한 아동이라면 여러번 들려주시는 방법으로 진행해주세요.

11. 수수께끼

수수께끼 활동은 힌트가 되는 문장을 한 문장씩 들으면서 정답이 무엇인지 찾는 과제입니다. 문장을 적게 듣고 답을 찾을수록 사고를 잘한다는 의미이기 때문에, 많은 양을 듣고 기억할수록 난이도가 높아지는 지금까지의 활동들과는 다른 유형의 활동입니다. 따라서 본 과제는 앞의 활동들처럼 듣기 실력으로 난이도를 구분해두지 않았습니다. 한 문장씩 듣고 문제를 맞혀보게 해도 되고, 필요에 따라 전체 문장을 다 들려주고 문제를 풀도록 해도 좋습니다.

12. 듣기 게임: 청기백기, 교실에 가면~, 낱말퍼즐

아주 재미있고 자연스럽게 듣기 연습을 할 수 있는 게임 활동들입니다. 난이도는 게임의 진행 속도로 조절해주시면 됩니다. 게임을 하면서 아동이 주의를 집중할 수 있도록 해주시고 이기고자 하는 동기를 북돋아 주세요. 아동이 어려워한다면 아주 천천히 게임을 진행해주시고(예: 청~기~ 올~려~) 잘한다면 진행 속도를 더 빠르게 해주세요. 그리고 활동에 따라 달성해야 할 성공 횟수가 제시되어 있는데, 아동의 수준에 따라서 목표 성공 횟수를 조절해서 진행하시면 됩니다.

13. 듣고 음운 인식하기

음운인식 활동은 음소, 음절, 단어 수준에서 다양한 음운인식 과제를 수행하도록 구성되었습니다. 다른 활동들과는 달리 소리의 변별과 확인 단계에 초점을 맞춘 활동으로, 말소리를 찾고 합성/분리 등 여러 가지 말소리 조작 활동을 해봄으로써 음운인식 능력을 향상시키는 과제입니다. 따라서 이 과제는 청각 기억력뿐 아니라 음운인식 능력이 함께 고려되어야 하므로 청각 기억력에 따른 단계로 난이도를 나누지 않았습니다.

다만, 아동의 음운인식 능력에 따라서, 듣기만으로 자극을 제시할지, 부모님 또는 선생님께서 글자를 써 주셔서 시각적인 도움을 주실지를 조절해주세요. 어려워하는 아동에게는 글자 자극을 적절히 제시하여 진행하시고, 잘하는 아동에게는 듣기만으로 답을 찾도록 해주세요.

■ 글씨를 쓰는 활동들이 있습니다. 쓰기가 어려운 아동의 경우, 부모님(선생님)께서 도와주시거나 듣고 말하기 과제로 진행해주세요.

사건 하나.
다람쥐네 도토리를 찾아주세요.

1. 그대로 기억하기
📢 다람쥐 1. 메시지를 듣고 전화번호를 기억해주세요. 탐정님이 오시면 알려줍시다. — 18쪽

이렇게 들려주세요. 탐정님, 저는 다람쥐예요. 왜 전화를 안 받으시는 거예요? 제가 전화번호를 불러드릴 테니까 꼭 다시 전화해주세요.
① 2, 3, 7, 9   ② 4, 5, 1, 7   ③ 6, 7, 9, 0   ④ 8, 2, 5, 3

4. 세부내용 기억하기
📢 다람쥐 2. 다람쥐의 말을 잘 들은 다음, 메모의 빈칸을 채워주세요. — 19쪽

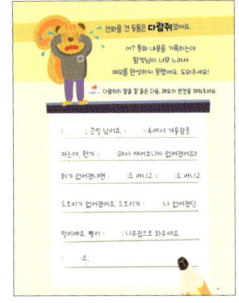

이렇게 들려주세요. ① 지지직. 탐정님, 큰일 났어요. 나무 속에서 겨울잠을 자는데, 뭔가 이상해서 일어나 보니까 없어졌어요! ② 뭐가 없어졌냐면 밤도 아니고 땅콩도 아니고 도토리가 없어졌어요. ③ 도토리가 두 개나 없어졌단 말이에요. 빨리 숲속 나무집으로 와주세요. 지금요.

5. 이야기 순서 맞추기
📢 다람쥐 3. 다람쥐의 얘기를 잘 듣고, 어떤 일이 있었는지 알아보세요. — 20쪽

이렇게 들려주세요. ① 추운 겨울이 다가오기 전에 도토리를 열심히 모았어요. 도토리나무 밑에 가서 도토리를 줍고, 부족할까 봐 시장에 가서 도토리 다섯 개를 더 샀어요. ② 그리고는 겨울잠을 잘 준비를 했어요. 혹시 추울까 봐 내복을 입었죠. 처음에는 빨간 내복을 입었는데 색깔이 마음에 안 들어서 하늘색으로 갈아입었어요. ③ 그런 다음 별다를 게 없이 겨울잠을 자기 시작했어요. 제가 잠들기 전 시계를 봤을 때는 열 시였어요. ④ 며칠이 지났을까 아주아주 깊은 잠을 잘 자다가 이상한 기분이 들어서 잠에서 깼는데, 그때는 시곗바늘이 두 시를 가리키고 있었어요.

6. 지시 따르기
📢 다람쥐 4. 다람쥐 얘기를 잘 듣고, 부록의 스티커를 붙여서 사건 현장을 완성해보세요. — 22쪽

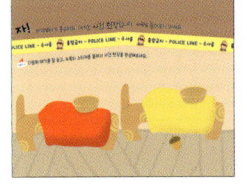

이렇게 들려주세요. ① 제가 일어났을 때 어떻게 돼 있었는지 말씀드릴게요. 빨간 이불이 있는 침대 위 바구니 안에 도토리 한 개가 들어 있었어요. ② 그리고 그 바구니 옆 이불 위에는 도토리 두 개가 있었는데, 거꾸로 놓여있었어요. ③ 또 바닥에는 도토리 세 개가 떨어져 있었는데, 모두 노란 이불이 있는 침대 아래에 있었어요. ④ 노란 이불 위에는 도토리 한 개가 있었고, 바구니 안에는 아무것도 없었어요.

6. 지시 따르기

📣 다람쥐 5. 침대를 잘 완성했다면 이번에는 책상 차례예요. 잘 듣고 사건 현장을 완성해보세요. **23쪽**

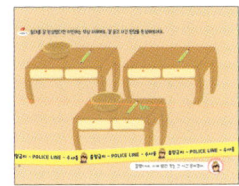

이렇게 들려주세요. ① 연필만 있는 책상에 도토리가 하나 있었고, 책상 아래에 떨어져 있는 도토리는 없었어요. ② 바구니가 놓여 있는 책상 위에는 밤이 하나 있었고 애벌레는 없었어요. ③ 애벌레가 있는 책상 위 바구니에는 도토리와 밤이 하나씩 들어 있었어요.

1. 그대로 기억하기

📣 다람쥐 6. 탐정님이 돋보기로 살펴보고 암호들을 불러주신대요. 잘 듣고 기억해서 적어보세요. **24쪽**

이렇게 들려주세요. 자, 보이는 대로 읽어보도록 하지. 자네가 힘들까 봐 글자 몇 개는 미리 적어두었다네. 빈칸에 들어갈 네 글자만 불러줄 테니 잘 들어보게.
범, 충, 은, 곤
잘 들었다면 머릿속으로 떠올려보고 한 글자씩 적어주게나.

1. 그대로 기억하기

📣 다람쥐 7. 탐정님이 한 번 더 불러줄 테니, 잘 듣고 기억해서 적어보세요. **25쪽**

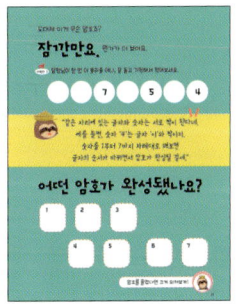

이렇게 들려주세요. 이번에는 숫자가 보이는군. 이번에도 잘 들어보도록 하게.
2, 1, 3, 6
자, 내가 불러준 숫자를 떠올려서 들은 순서대로 빈칸에 써주도록 하게.

도움말. [정답] 범인은 이웃곤충

7. 이상한 부분 찾기

📣 다람쥐 8. 이웃들의 이야기를 듣고, 이상한 부분이 몇 군데 있는지 써보세요. **27쪽**

이렇게 들려주세요.
① 나비가 말했어요. "나는 도토리를 먹을 수가 없어요. 아시다시피 나비는 도토리를 먹지 않고 피자를 먹는답니다. 게다가 도토리는 너무 말랑말랑해서 씹을 수도 없다고요."
② 하늘소가 말했어요. "제 이름만 봐도 알다시피 하늘소는 하늘에 살아요. 구름 위에 집을 짓기 때문에 전 다람쥐의 이웃이 될 수가 없어요. 다람쥐는 하늘을 날 수 없잖아요."
③ 벌이 말했어요. "나는 꿀을 좋아해요. 꿀은 아주 쓰죠. 도토리는 껍질이 단단해서 나는 먹을 수도 없는걸요. 그래서 나는 도토리를 훔쳐 갈 필요도 없어요."
④ 파리가 말했어요. "나는 도토리 같은 것보다는 사람들이 먹는 걸 좋아해요. 그래서 사람들이 먹는 음식 근처에 잘 나타난다고요. 다람쥐네 집에는 맛이 없는 것들만 있어서 근처에 얼씬도 안 했어요."
⑤ 개미가 말했어요. "개미들은 입이 없어서 먹이를 믹지 못해요. 햇볕을 쬐고 비를 맞으면 에너지가 생겨서 음식은 필요가 없답니다. 특히 우리처럼 몸집이 큰 곤충이 다람쥐처럼 작은 곤충의 먹이를 훔쳐서 뭐 하겠어요."

9. 이야기 이해하기

📢 다람쥐 9. 개미의 이야기를 잘 듣고 질문에 답해서 탐정님을 도와주세요. **29쪽**

이렇게 들려주세요. 정말 억울해요! 저는 범인이 아니라고요. 저는 착한 개미예요. ① 지난여름에 전 열심히 도토리를 모았지만, 베짱이는 먹이를 모으지 않고 노래하고 춤추며 놀기만 했죠. ② 그런데도 저는 겨울이 됐을 때, 놀기만 한 베짱이를 집에 들어오게 해줬어요. ③ 그리고 곡식도 주고 옷도 주고 이불도 줬다고요. 이렇게 착한 제가 도토리를 훔쳤다는 건 말도 안 돼요. ④ 그리고 이번 겨울에는 너무 추워서 저는 베짱이랑 집에만 있었어요. 베짱이가 고맙다고 선물도 보내줬는걸요? ⑤ 자, 이것 좀 보세요. 베짱이가 보낸 선물이 조금 전에 도착했어요.

질문 1. 개미는 언제 열심히 일했나요?
질문 2. 개미는 누구를 집에 들어오게 해줬나요?
질문 3. 베짱이는 개미네 집에서 무엇을 먹었나요?
질문 4. 개미와 베짱이는 왜 집에만 있었나요?
질문 5. 조금 전에 개미한테 무슨 일이 있었나요?

11. 수수께끼

📢 다람쥐 10. 탐정님이 내는 수수께끼를 잘 듣고 맞혀보세요. **31쪽**

이렇게 들려주세요.
① 이것은 나무에 열리지.
② 이것은 나무줄기랑 색깔이 비슷해.
③ 이것은 단단한 껍질을 가지고 있어.
④ 겉껍데기에 뾰족한 가시가 있는 것은 아니라네.

도움말. [정답] 도토리

10. 요약하기

📢 다람쥐 11. 베짱이의 얘기를 듣고, 어떻게 된 일인지 짧게 요약해서 말해보세요. **32쪽**

이렇게 들려주세요. 아! 아, 그게 아니라. 사실 그 선물은 제가 보낸 거예요. 개미는 거짓말한 게 아니에요. 겨울 동안 절 먹여주고 재워 준 개미한테 보답하고 싶었는데 저는 아무것도 가진 게 없었어요. 그래서 다람쥐의 도토리를 가져다가 개미한테 선물로 보내준 거예요. 제가 잘못했어요. 용서해 주세요.

8. 판단하기

📢 다람쥐 12. 탐정님과 베짱이의 대화를 듣고 베짱이가 앞으로 어떻게 할지 상상해서 그려보세요. **33쪽**

이렇게 들려주세요. ① 탐정님, 제가 선물을 보내주면 될까요? – 아니요
② 제가 몸으로 무언가를 해주면 될까요? – 네 ③ 손으로 하는 일인가요? – 아니요
④ 입으로 하는 일인가요? – 네 ⑤ 뭔가를 먹는 일인가요? – 아니요
⑥ 목소리를 내는 일인가요? – 네 ⑦ 재밌는 이야기를 들려주는 것인가요? – 아니요
⑧ 음악을 목소리로 표현하는 것인가요? – 네

도움말. [정답] 노래

사건 둘.
사라져버린 여우의 보석.

1. 그대로 기억하기 　📢 보석 1. 탐정님이 불러주는 비밀번호를 잘 듣고 적어보세요.　　38쪽

이렇게 들려주세요. 자네, 내가 비밀번호를 불러줄 테니 잘 기억했다가 입력해보게.
① 2, 9, 0, 3, 5　② 3, 8, 2, 7, 1　③ 4, 6, 1, 2, 0　④ 8, 2, 4, 9, 5

2. 거꾸로 기억하기 　📢 보석 2. 글자 암호는 거꾸로 불러주니까, 잘 듣고 순서를 거꾸로 적어주세요.　　39쪽

이렇게 들려주세요.
① 가, 사, 바, 자　② 오, 포, 도, 초　③ 전, 번, 건, 넌　④ 술, 불, 줄, 굴

6. 지시 따르기 　📢 보석 3. 설명을 잘 듣고 사건을 의뢰한 동물의 집을 찾아 표시해주세요.　　40쪽

이렇게 들려주세요. ① 탐정님 집에서 앞으로 쭉 걸어가다가, 큰 길이 나오면 오른쪽으로 꺾어서 직진하세요. ② 커다란 느티나무가 보이면 왼쪽으로 꺾어서 계단을 올라가는 곳까지 걸어오세요. ③ 거기서 계단을 올라가지 말고 뒤를 돌면 사건을 의뢰한 동물이 사는 집이 바로 보입니다.

6. 지시 따르기 　📢 보석 4. 설명을 잘 듣고 사건을 의뢰한 동물의 방을 찾아 표시해주세요.　　41쪽

이렇게 들려주세요. ① 현관으로 들어가서 걸어가다가, 첫 번째로 길이 갈라지는 복도에서 왼쪽으로 꺾지 말고, 계단으로 올라가지 마세요. ② 두 번째로 길이 갈라지는 복도까지 쭉 직진해서 걸어가세요. 그런 다음 왼쪽으로 꺾으세요. ③ 걸어가다가 보이는 오른쪽 방으로 들어가지 말고, 왼쪽에 있는 방 중에 두 번째로 나오는 방으로 오세요.

1. 그대로 기억하기, 6. 지시 따르기 　🦊 보석 5. 여우와 탐정님이 좋아하는 재료를 잘 듣고, 맛있는 셰이크를 만들어주세요. 　43쪽

이렇게 들려주세요.
① 제가 좋아하는 재료들을 알려드릴게요. 딸기, 초콜릿, 우유, 얼음.
　자, 이제 그림을 보면서 제가 좋아하는 재료들에 동그라미 해주세요.
② 이번에는 내가 좋아하는 재료들을 알려주지. 나뭇잎, 땅콩, 바나나, 당근, 토마토.
　자, 이제 그림을 보면서 내가 좋아하는 재료에 세모 표시해 보거라.

6. 지시 따르기 　🦊 보석 6. 잘 듣고 색연필과 부록의 스티커를 이용해 셰이크를 꾸며주세요. 　44쪽

이렇게 들려주세요. ① 분홍색 셰이크가 제일 아래, 초콜릿색 셰이크가 제일 위에 있으면 좋겠어요. ② 가운데에는 노란색 셰이크가 있고 그 위에는 초록색 셰이크가, 그 아래에는 빨간색 셰이크가 있으면 좋겠어요. ③ 사과 한 조각을 노란색 셰이크에 넣고, 바나나 두 조각을 초록색 셰이크에 넣어주세요. ④ 셰이크를 컵에 다 담으면, 제일 위에 작은 체리를 한 개 올려주세요.

6. 지시 따르기 　🦊 보석 7. 잘 듣고 색연필과 부록의 스티커를 이용해 셰이크를 꾸며주세요. 　45쪽

이렇게 들려주세요. ① 내 셰이크에는 초콜릿색 셰이크를 가장 먼저 담고, 그다음으로 노란색 셰이크와 주황색 셰이크를 차례대로 담아주게. ② 주황색 셰이크에는 귤 두 조각을, 노란색 셰이크에는 남은 바나나와 사과를 넣어주게나. ③ 그런 다음, 하늘색 셰이크를 담고 초콜릿 시리얼을 듬뿍 넣어주게. ④ 마지막으로 분홍색 셰이크를 담고 체리 한 개를 올려 장식해 주면 좋겠군.

5. 이야기 순서 맞추기 　🦊 보석 8. 여우의 얘기를 잘 듣고, 어떤 일이 있었는지 알아보세요. 　46쪽

이렇게 들려주세요. ① 제가 올해 봄에 산책하다가 오리를 만났어요. 오리랑 같이 길을 가는데 나무 덤불 아래에 반짝이는 것들이 있었어요. 세상에! 너무나 예쁜 보석이었어요. 그래서 그것들을 주워서 제 주머니에 넣었죠. ② 그러고 나서 집에 돌아오는 길에 토끼를 만났어요. 전 토끼한테도 제가 주운 보석을 보여줬어요. 토끼도 참 예쁜 걸 주웠다고 하더라고요. 집에 도착하자마자 전 주워온 보석을 분홍색 서랍에 넣었어요. 너무 예뻐서 매일매일 꺼내서 보고 또 봤어요. ③ 그러다가 보석을 누가 훔쳐 가면 어쩌지 하는 걱정에 더 튼튼한 보라색 서랍에 옮겼어요. 그런데도 걱정이 돼서 마지막으로 제일 튼튼한 갈색 서랍에 보석들을 옮겨놨어요. 그런데 그다음 날 봤더니 보석이 없는 거예요! 그 안에는 풀만 가득 들어 있지 뭐예요. 범인이 보석을 가져가고 풀을 두고 간 거예요!

8. 판단하기

보석 9. 잘 들은 다음 그림을 보면서 여우가 만난 오리와 토끼가 누구인지 찾아보세요. 49쪽

이렇게 들려주세요.
① 내가 만났던 오리는 모자를 쓰고 있지 않아요. ② 내가 만났던 오리는 앞치마를 입고 있어요. ③ 내가 만났던 오리는 빨간색 앞치마를 입고 있어요.

이렇게 들려주세요.
① 내가 만났던 토끼는 리본을 달고 있었어요. ② 내가 만났던 토끼의 리본은 파란색이 아니에요. ③ 내가 만났던 토끼는 양말을 신지 않았어요.

도움말. [정답] 2번, 4번

9. 이야기 이해하기

보석 10. 오리의 이야기를 잘 듣고, 질문에 답해 보세요. 51쪽

이렇게 들려주세요. 제가 범인이라고요? 제 얘기를 잘 들어보세요. ① 어젯밤에 여우한테 책을 빌리러 갔었어요. 여우는 방에 없었는데 문이 열려있었죠. ② 전 방 안에서 여우를 기다리려고 들어갔어요. 그런데 서랍 안에서 반짝이는 불빛이 새어 나오는 거예요. ③ 그래서 들여다봤더니 그 안에 보석이 있었어요. 너무 예뻐서 한참 바라봤죠. 만지지는 않았어요. ④ 그러다가 실수로 서랍장 옆에 있던 물컵을 건드려서 물이 서랍에 쏟아지고 말았어요. ⑤ 전 여우가 화낼까 봐 무서워서 바로 제 방으로 돌아왔어요. 여우의 보석은 그 자리에 두고요.

질문 1. 오리는 언제 여우 방에 갔나요?
질문 2. 어디서 반짝이는 불빛이 새어 나왔나요?
질문 3. 여우의 서랍에는 무엇이 있었나요?
질문 4. 오리는 어떤 실수를 저질렀나요?
질문 5. 오리는 실수를 한 뒤 어떻게 했나요?

11. 수수께끼

보석 11. 오리가 들려주는 수수께끼를 잘 듣고 정답을 맞혀보세요. 53쪽

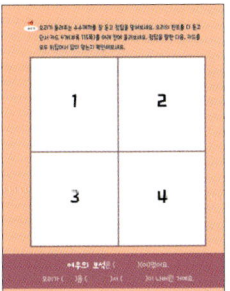

이렇게 들려주세요. 집에 돌아와서 그 보석이 뭘까 생각하다가 떠오른 게 있어요. 아주 오래전에 깊은 숲속에서 본 적이 있거든요. 그게 뭔지 제가 한 번 수수께끼를 내볼게요.
① 그것은 단단하고 작았어요.
② 그것은 땅속에 심는 거예요.
③ 그것은 열매 속에 들어있거나, 꽃이 지면 생겨요.
④ 그것이 자라려면 햇빛과 물이 필요해요.

도움말. 힌트 4개를 다 들려주면 부록에 있는 힌트 카드 4장을 아동에게 주세요. 숫자가 위로 보이게 내려놓은 다음, 아이가 정답을 말하면 한꺼번에 뒤집어서 답을 확인해보세요. [정답] 씨앗(씨), 오리가 물을 쏟아서 싹이 나버린 거예요.

사건 셋. 비밀 편지를 받았어요.

1. 그대로 기억하기
📢 편지 1. 버스 번호를 잘 듣고 기억해서 아래 칸에 적어보세요.   58쪽

이렇게 들려주세요.
① 93번, 27번, 10번   ② 42번, 52번, 5번   ③ 55번, 21번, 61번, 35번
④ 37번, 80번, 92번, 71번   ⑤ 15번, 32번, 66번, 56번

8. 판단하기
📢 편지 2. 안내 방송을 잘 듣고, 내가 탈 버스 중 제일 먼저 도착하는 버스를 맞혀보세요.   59쪽

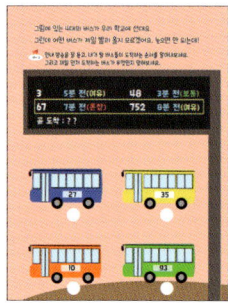

이렇게 들려주세요.
① 27번 버스가 6분 후에 도착합니다.
② 35번 버스가 4분 후에 도착합니다.
③ 10번 버스가 7분 후에 도착합니다.
④ 93번 버스가 9분 후에 도착합니다.

도움말. [정답] 35번 버스

6. 지시 따르기
📢 편지 3. 잘 듣고 부록에 있는 스티커를 붙여서 우리 학교 그림을 완성해주세요.   61쪽

이렇게 들려주세요.
① 1층 왼쪽에서 두 번째 방이 교무실이에요. 교무실 왼쪽에는 보건실이 있고, 교무실 오른쪽에는 음악실이 있어요. 음악실 옆에는 돌봄교실이 있어요.
② 2층 왼쪽 끝에 화장실이 있고, 오른쪽 끝에는 급식실이 있어요. 2층에는 1학년 1반과 2반이 왼쪽부터 차례대로 있어요.
③ 급식실 바로 위에 도서실이 있고, 그 옆에 2학년 2반이 있어요.

3. 순서대로 재배열하기
📢 편지 4. 단어를 잘 듣고 기억해서 큰 것부터 순서대로 써보세요.   63쪽

이렇게 들려주세요.
① 복숭아, 블루베리, 수박, 딸기
② 고양이, 코끼리, 토끼, 개미
③ 열, 다섯, 하나, 백

도움말. [정답] ① 수박 - 복숭아 - 딸기 - 블루베리, ② 코끼리 - 고양이 - 토끼 - 개미, ③ 백 - 열 - 다섯 - 하나

1. 그대로 기억하기, 6. 지시 따르기

편지 5. 탐정님께 전화 연결이 되도록 숫자 1부터 17까지 선을 연결해주세요. 65쪽

이렇게 들려주세요. 지금부터 들려주는 숫자는 전파가 통하지 않으니까 연결하면 안 돼요. 불러주는 숫자들을 잘 기억했다가 그 숫자는 빼고 선을 연결해주면 됩니다.
2, 4, 9, 10, 12, 16

도움말. 어려워하는 아이들에게는 '2, 4, 9, 12' 네 개만 들려주고 연결해보도록 해주세요(5-1번 동영상). 또는 3개씩 나눠서 들려준 다음 수행하도록 하거나, 건너뛰어야 할 숫자가 나오기 전에 다시 한 번 전체를 들려주어 상기시켜줘도 좋습니다.

8. 판단하기

편지 6. 탐정님의 수사 결과를 잘 듣고, 어제 친구들이 집에 간 순서대로 숫자를 써보세요. 67쪽

이렇게 들려주세요.
① 준우는 민호보다 늦게 집에 갔다고 하네.
② 도윤이는 준우보다 먼저 집에 갔지.
③ 민호는 도윤이보다 늦게 집에 갔어.
④ 하나는 도윤이보다 먼저 집에 갔다네.

도움말. 아동이 어려워하면 메모할 수 있도록 하거나, 종이에 아이들 이름을 써서 주고 1-2문장씩 들은 다음 순서대로 놓을 수 있게 해주세요.

5. 이야기 순서 맞추기

편지 7. 하나의 얘기를 잘 듣고, 준우랑 어떤 일이 있었는지 알아보세요. 68쪽

이렇게 들려주세요. ① 지난 학기에 현장학습 가서 보물찾기할 때, 나만 보물을 못 찾아서 울고 있었는데, 준우가 자기 보물을 나한테 한 개 나눠줬었어요. ② 그리고 한 달 전에는 준우가 내 가방도 들어줬었고요. 며칠 전에 체육 시간에 넘어졌을 때는 준우가 보건실에도 데려다줬어요. ③ 그리고 어제는 준우가 나를 보고 계속 웃더라고요. 지금 생각해보니까 준우가 날 좋아해서 자꾸 날 도와주고 날 보고 자꾸 웃었나 봐요.

8. 판단하기

편지 8. 하나를 대신해서 준우한테 답장을 전달해야 해요. 잘 듣고 준우가 누구인지 찾아보세요. 71쪽

이렇게 들려주세요.
① 준우는 안경을 썼고, 줄무늬 티셔츠를 입었어요.
② 준우는 입술 옆에 점이 있고, 청바지를 입었어요.
③ 준우는 눈썹이 아주 진하고, 반바지를 입었어요.

도움말. [정답] 4번

7. 틀린 부분 찾기

📢 편지 9. 탐정님이 읽어주는 준우 일기를 잘 듣고, 잘못 읽은 단어를 찾아서 고쳐보세요. 73쪽

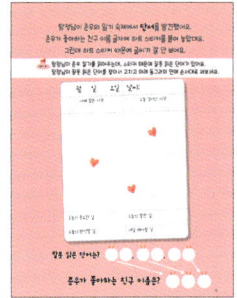

이렇게 들려주세요. ① 9월 17일 화요일 날씨: 맑음
오늘 저녁엔 매콤한 <u>감치</u> 볶음밥을 먹었다. <u>감치</u> 볶음밥을 먹었더니, 입에 불이 날 것 같았다. ② 엄마가 시원한 <u>서박</u>을 잘라주셔서 먹었더니 입에 불이 꺼진 것 같았다. 나랑 동생은 <u>서박</u>씨 멀리 뱉기 게임을 했다. ③ 내가 뱉은 씨가 동생 코 밑에 붙었는데 코딱지 같았다. 그 모습이 너무 웃겨서 핸드폰으로 <u>사집</u>을 찍었다. 참 재미있었다.

도움말. [정답] 감치 → **김**치, 서박 → **수**박, 사집 → 사**진**. 준우가 좋아하는 친구의 이름은? 김수진.

8. 판단하기

📢 편지 10. 오늘의 식단을 잘 듣고 탐정님 식판에 그림으로 그려주세요. 75쪽

이렇게 들려주세요. 오늘의 식단을 들려드리겠습니다. 고기반찬을 빼고 그려주세요.
① 콩밥, 알밤, 불고기, 김치
② 고구마, 소시지, 배추, 우유
③ 초콜릿 쿠키, 소고기 카레, 옥수수, 수박

도움말. 그림을 그리기 어려워하는 경우, 그리는 걸 도와주거나 글씨로 쓰도록 해주세요.

1. 그대로 기억하기, 6. 지시 따르기

📢 편지 11. 탐정님의 힌트를 잘 듣고 기억해서 아래 있는 암호 판을 완성해보세요. 77쪽

이렇게 들려주세요. 기호와 숫자를 불러주겠네. 기호는 책 위에 쓰여 있는 '가, 나, 다, 라, 마' 중 하나를 나타내고, 숫자는 책 제목에서 몇 번째 글자인지를 나타내지. '다-1'이라고 하면 '다'라고 쓰인 책 '오징어 외계인'을 봐야 하고, 첫 번째 글자인 '오'를 찾으면 된다네. 글자를 찾은 다음에는 아래에 있는 암호 칸에 써보게. 자, 이제 시작하네.

① 가-2, 라-7
② 마-2, 나-4, 가-1
③ 나-5, 마-3, 라-6

도움말. [정답] 오늘은 자리 바꾸는 날

사건 넷.
특명! 지독한 방귀쟁이를 찾아라!

12. 듣기 게임 - 청기백기
방귀 1. 지시를 잘 듣고 그대로 해보세요. 세 번 성공하면 다음 페이지로 넘어가세요. **83쪽**

이렇게 들려주세요. ① 연필 올려. 연필 내려. 지우개 내려. 연필 내리지 말고 지우개 내려. 연필 내리고 지우개 올려. 지우개 내리고 연필 내리지 마.
② 연필 내리지 마. 지우개 내리지 마. 연필이랑 지우개 올려. 지우개 내리고 연필 올려. 지우개 올려. 연필 내리지 마.
③ 지우개 내려. 지우개 올리고 연필 내려. 연필 내리지 말고 가만히 있어. 지우개 올리고 연필 가만히 있어. 연필 올리지도 말고 지우개 올리지도 마.
④ 지우개 내린 다음에 연필 올려. 지우개 올리지 말고 연필 내려. 연필 내리기 전에 지우개 내려. 연필 내려. 연필 올리지 말고 지우개 가만히 있어.
⑤ 연필 올린 다음에 지우개 내려. 지우개 내려. 지우개 내려. 지우개 내리지 말고 연필 올리지 마. 지우개 올리고 연필 가만히 있어.

도움말. 문제는 다양하게 변형해서 들려주셔도 좋습니다. 게임을 성공하는 기준은 세 번이 꼭 아니어도 좋고 아이에게 필요한 만큼 연습하게 해주세요. 더 난이도를 높이려면, 중간에 '엄마 가라사대/선생님 가라사대'와 같은 어구를 넣어서 그 다음에 오는 지시에만 반응하게 하시면 됩니다. 예) '연필 내리지 마. 지우개 내려. 엄마 가라사대 연필 올려.'라고 들려주었을 때, 앞에 두 번은 움직이면 안 되고 뒤에 '엄마 가라사대 연필 올려'에만 반응해서 연필을 올리도록 하면 더 어려운 듣기 게임이 됩니다.

8. 판단하기
방귀 2. 잘 듣고 줄을 선 아이들의 이름을 차례대로 적어보세요. **85쪽**

이렇게 들려주세요.
① 지아는 서희보다 앞에 섰어요.
② 서희는 하유보다 뒤에 섰어요.
③ 하유는 지아보다 앞에 섰어요.
④ 수민이는 서희보다 뒤에 섰어요.

도움말. [정답] 하유-지아-서희-수민

3. 순서대로 재배열하기
방귀 3. 잘 듣고 사전에 나오는 순서대로(ㄱ ㄴ ㄷ 순서대로) 단어를 나열해보세요. **86쪽**

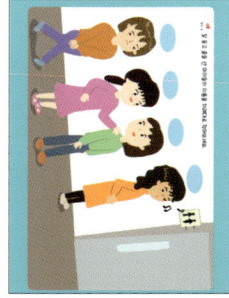

이렇게 들려주세요.
① 사슴, 나비, 토끼, 도라지
② 라디오, 하늘, 주차장, 여우
③ 마법사, 소화기, 국자, 책상
④ 코딱지, 교회, 솔방울, 발자국

도움말. 쓰기가 어려운 친구들에게는 듣고 다시 말하기 과제로 바꿔서 활용해주세요. 사전에서 단어 찾는 방법을 모르는 아이들에게는 미리 방법을 알려주시거나 'ㄱ, ㄴ, ㄷ, ㄹ……'과 같이 자음 순서를 써주셔서 힌트를 주셔도 좋습니다. [정답] ① 나비 도라지 사슴 토끼 ② 라디오 여우 주차장 하늘 ③ 국자 마법사 소화기 책상 ④ 교회 발자국 솔방울 코딱지

8. 판단하기 — 방귀 4. 잘 듣고 친구들이 정한 그림 주제에 맞지 않는 것을 찾아 써보세요. (89쪽)

이렇게 들려주세요.
① 양동이, 청소기, 시계, 걸레, 먼지떨이
② 돌고래, 거북이, 펭귄, 여우, 가오리
③ 피구, 슬리퍼, 줄넘기, 달리기, 체조
④ 냄비, 가스레인지, 송편, 뒤집개, 어묵

도움말. [정답] ① 시계 ② 여우 ③ 슬리퍼 ④ 송편

6. 지시 따르기 — 방귀 5. 친구들의 이야기를 잘 듣고 그림을 완성해주세요. (91쪽)

이렇게 들려주세요.
① 난 소파를 다 완성하지 못했어. 우리 집 소파는 파란색인데, 하늘색 체크무늬 방석이랑 분홍색 꽃무늬 방석이 올려져 있어. 소파 다리는 갈색이야.
② 난 물고기 비늘을 색칠하지 못했어. 1번은 노란색, 2번은 파란색, 3번은 주황색, 5번은 보라색으로 색칠해 줘. 그리고 4번 하고 6번은 마음에 드는 색으로 칠해줘.
③ 난 피구 하는 내 모습을 그렸는데 옷을 못 색칠했어. 우리 학교 체육복은 위아래가 다 노란색인데, 바지 양옆에 초록색 줄무늬가 세로로 두 줄씩 있어. 내가 쓴 모자는 하늘색이고 파란 챙이 있어.
④ 떡볶이를 다 그리지 못했어. 나는 길쭉한 떡볶이 떡이랑 동그란 메추리알을 넣었고, 어묵은 세모나게 잘라서 넣었어. 마지막으로 초록색 파를 조금 넣었어.

12. 듣기 게임 - 교실에 가면 — '교실에 가면' 게임을 하면서 교실에 있는 것들을 잘 듣고 재빠른 탐정님께 알려주세요. (92쪽)

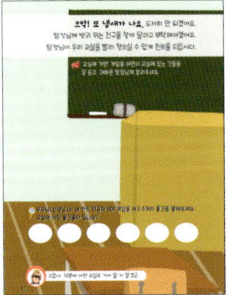

도움말. '교실에 가면 ○○도 있고, □□도 있고' 게임을 아이와 함께 하면서, 아이가 들었던 단어들을 기억할 수 있도록 도와주세요. 리듬에 맞춰 아이와 한 번씩 돌아가면서 단어를 말하고, 앞에서 들었던/말했던 단어들을 계속 기억해 나갈 수 있도록 연습해주세요.
예: 부모님 – 교실에 가면 칠판도 있고
　　아동 – 교실에 가면 칠판도 있고, 책상도 있고
　　부모님 – 교실에 가면 칠판도 있고, 책상도 있고, 창문도 있고
　　아동 – 교실에 가면 칠판도 있고, 책상도 있고, 창문도 있고, 가방도 있고
아동이 게임을 어려워하거나 듣기에 더 초점을 맞추고자 할 때는, 부모님(선생님)께서 쭉 들려주신 다음 한꺼번에 아이가 기억해서 다시 말하는 방식으로 바꾸어도 좋습니다.

8. 판단하기 — 방귀 6. 탐정님의 탐문 수사 결과를 듣고 냄새가 퍼진 방향을 화살표로 표시해보세요. (95쪽)

이렇게 들려주세요. ① 하람이는 민우보다 먼저 냄새를 맡았고, 민우 다음에 서하가 맡았다는군. ② 하나는 동구보다 늦게 냄새를 맡았고, 선호는 1모둠에서 제일 늦게 냄새를 맡았지. ③ 하람이랑 동구 중에서는 누가 먼저 냄새를 맡았는지 모른다고 하는군. ④ 그리고 온유가 냄새를 맡은 다음 수호가 맡았다고 하네. 보라도 온유 다음으로 냄새를 맡았지. ⑤ 지한이는 보라 다음, 다빈이는 지한이 다음에 냄새를 맡았다네.

8. 판단하기

방귀 7. 탐정님의 냄새 분석 결과를 듣고, 친구들이 먹은 음식과 일치하면 동그라미 해보세요. 96쪽

이렇게 들려주세요. ① 음, 이 냄새로 말할 것 같으면… 먼저 비릿한 해산물 냄새가 어렴풋이 나. ② 그리고 고기 냄새가 아주 많이 나는군. 고기가 들어간 음식을 많이 먹은 모양이야. ③ 음, 그리고 튀긴 요리를 먹었나? 고소한 기름 냄새가 깔려 있어. ④ 또 매콤한 음식도 많이 먹었구먼? 매콤한 향기가 냄새 중에 떠다니고 있다네. ⑤ 이상하네. 내가 좋아하는 신선한 채소의 향기는 거의 느낄 수가 없다고!

도움말. [정답] 가장 많은 동그라미를 받은 친구는? 동구

9. 설명 이해하기

방귀 8. 뉴스 내용을 주의 깊게 잘 들어보세요. 99쪽

이렇게 들려주세요. 최근 들어 많은 어린이가 변비로 힘들어하고 있습니다. ① 고기와 기름진 음식을 주로 먹고 운동을 잘 안 하기 때문인데요. ② 변비를 예방하기 위해서는 식이섬유가 풍부한 음식을 먹는 게 좋습니다. ③ 식이섬유가 풍부한 음식으로는 과일, 채소, 견과류, 해조류가 있습니다. ④ 따라서 자두, 키위, 고구마, 양배추, 아몬드, 땅콩, 미역 같은 음식을 많이 먹는 것이 변비에 좋습니다. ⑤ 또한 유산균이 포함된 요구르트와 같은 음식도 변비 예방에 도움이 됩니다. 지금까지 예꿈 뉴스 김진실 기자였습니다.

도움말. 필요한 경우에는 새로운 어휘에 대한 추가 설명을 통해 이해를 도와주세요.

9. 설명 이해하기

방귀 9. 뉴스 내용을 떠올리며 탐정님의 질문에 답해보세요. 100쪽

이렇게 들려주세요.
질문 1. 변비가 생기는 이유는 무엇이라고 했나?
질문 2. 변비를 예방하려면 무엇이 많은 음식을 먹어야 한다고 했지?
질문 3. 식이섬유가 풍부한 먹을거리들은 무엇인가?
질문 4. 기자가 먹으라고 한 음식을 다섯 개 떠올려서 접시 위에 그려보게.
질문 5. 유산균이 포함된 음식에는 뭐가 있었지?

13. 음운 인식하기

방귀 10. 탐정님이 불러주는 단어들을 잘 듣고 선물이 뭔지 맞혀보세요. 103쪽

이렇게 들려주세요.
① 다음 단어들을 듣고 첫 번째 자음을 찾아 써보게. – 감, 굴, 개
② 다음 단어들을 듣고 모음을 찾아 써보게. – 소, 초, 코
③ 다음 단어들을 듣고 첫 번째 자음을 찾아 써보게. – 기차, 개나리, 가방
④ 다음 단어들을 듣고 모음을 찾아 써보게. – 죽, 불, 숨
⑤ 다음 단어들을 듣고 첫 번째 자음을 찾아 써보게. – 모기, 만두, 물
⑥ 다음 단어들을 듣고 모음을 찾아 써보게. – 산, 땅, 칼

도움말. 음소 찾기가 어려운 아동들은 같이 소리를 천천히 내면서 찾아보게 도와주시거나 글자 힌트를 주셔도 됩니다. 도움을 준 이후에는 아동 스스로 해보도록 격려해주세요.
[정답] ① ㄱ ② ㅗ ③ ㄱ ④ ㅜ ⑤ ㅁ ⑥ ㅏ / 고구마

어린이 도서 전문 출판사 예꿈을 소개합니다!

도서 소개

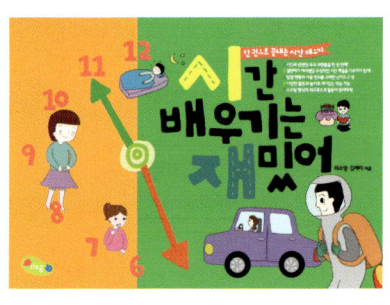

저자 소개

최소영
이화여자대학교 언어병리학 석사.
언어재활사협회 정회원.
1급 언어재활사.

김재리
이화여자대학교 언어병리학 석사.
언어재활사협회 정회원.
1급 언어재활사.

speedy_sloth_8282

나는 오늘도 나무에 매달린다..
자는 거 아님..
세상의 모든 소리를 듣는 중...

#주의력 #청각주의 #작업기억 #청각작업기억